DA SILVA: A GRANDE FAKE NEWS DA ESQUERDA

O PERFIL DE UM CRIMINOSO CONHECIDO E FAMOSO PELA ALCUNHA LAMPIÃO

PAVINATTO

DA SILVA: A GRANDE FAKE NEWS DA ESQUERDA

O PERFIL DE UM CRIMINOSO CONHECIDO E FAMOSO PELA ALCUNHA LAMPIÃO

DA SILVA : A GRANDE FAKE NEWS DA ESQUERDA
O PERFIL DE UM CRIMINOSO CONHECIDO E FAMOSO
PELA ALCUNHA LAMPIÃO

© Almedina, 2023

Autor: Pavinatto

Diretor da Almedina Brasil: Rodrigo Mentz
Editor: Marco Pace
Editor de Desenvolvimento: Rafael Lima
Assistentes Editoriais: Larissa Nogueira e Letícia Gabriella Batista
Estagiária de Produção: Laura Roberti
Revisão: Bianca Lehmann e Lúcia Silva

Diagramação: Almedina
Design de Capa: Newton Cesar

ISBN: 9786554271653
Agosto, 2023

Dados Internacionais de Catalogação na Publicação (CIP)
(Câmara Brasileira do Livro, SP, Brasil)

Pavinatto
Da Silva : a grande fake news da esquerda :
o perfil de um criminoso conhecido e famoso pela
alcunha Lampião / Pavinatto. – São Paulo, SP : Edições 70, 2023.

Bibliografia.
ISBN 978-65-5427-165-3

1. Brasil, Nordeste – História 2. Cangaceiros - Biografia 3. Cangaço – Brasil – História 4. Silva, Virgulino Ferreira da, 1898-1938 I. Título.

23-160572   CDD-302.3409813

Índices para catálogo sistemático:

1. Cangaço e cangaceiros : Nordeste : Brasil : História social 302.3409813

Tábata Alves da Silva – Bibliotecária – CRB-8/9253

Este livro segue as regras do novo Acordo Ortográfico da Língua Portuguesa (1990).

Todos os direitos reservados. Nenhuma parte deste livro, protegido por copyright, pode ser reproduzida, armazenada ou transmitida de alguma forma ou por algum meio, seja eletrônico ou mecânico, inclusive fotocópia, gravação ou qualquer sistema de armazenagem de informações, sem a permissão expressa e por escrito da editora.

Editora: Almedina Brasil
Rua José Maria Lisboa, 860, Conj. 131 e 132, Jardim Paulista | 01423-001 São Paulo | Brasil
www.almedina.com.br

Às responsáveis por minha paixão pela História,
as professoras

LUCI CRUZ E
SOLANGE PARON

SUMÁRIO

UMA HISTÓRIA QUE NOSSAS PROFESSORAS NÃO CONTARAM.................................... 13

NA CÂMARA COM LAMPIÃO DE GÁS................. 19

CARCARÁ DE SERRA TALHADA..................... 27

PEGA, MATA E COME............................... 37

PENSEM NAS MULHERES ROTAS, ALTERADAS........ 43

PENSEM NAS MENINAS CEGAS E LESADAS........... 61

MORTO NA BELEZA FRIA DE MARIA................. 65

QUANDO PASSA NA BAIXA DO TUBO................ 75

MALANDRO REGULAR, PROFISSIONAL 79

MALANDRO COM APARATO DE MALANDRO OFICIAL 89
    Senador Ruy Barbosa 91
    Padre Cícero 93
    Capitão Prestes 97
    Doutor Floro Bartolomeu da Costa 97
    "Capitão" Virgulino 100

MALANDRO CANDIDATO A MALANDRO FEDERAL ... 103

MALANDRO COM RETRATO NA COLUNA SOCIAL 107
    Repente Ostentação 114

PSYCHO KILLER 117

BEGUINE DODÓI 137
    Semiótica no Zarolho 139
    A Estética da Estupidez como Imbecilidade Coletiva 146
    Bandido Social 152
    Grande Sertão: Verdades 156

QUARESMA DE TRISTE FIM 161
    Não Me Leve A Mal; Hoje É Carnaval 166

BIBLIOGRAFIA 169
    Literatura 169
    Jornais 173

Cangaceiro Virgulino,
De apelido Lampião,
Os ricos, chantageava
O povo pobre, roubava,
Estuprava e matava
Punha medo no sertão.

Também foi psicopata
Que pariu, naquela data,
A Milícia e a Facção
Tinha tanto ouro e prata
Que do cordel fez vulgata
Do funk ostentação.

Era Ferreira da Silva
De maldade infinita
Nunca teve um coração
Nem teve mulher bonita
Além da patente ficta
De um falso Capitão.

UMA HISTÓRIA QUE NOSSAS PROFESSORAS NÃO CONTARAM

No ano em que João Baptista de Oliveira Figueiredo assumiu a Presidência do Brasil, mais especificamente no mesmo dia em que esse General sancionou a Lei 6.683, a famigerada *Lei da Anistia*, ou seja, 28 de agosto de 1979, outro acontecimento entrou para os anais da História Brasileira em razão de outros anais: Oswaldo de Oliveira estreava seu longa-metragem *Histórias que nossas babás não contavam*, uma pornochanchada protagonizada pelo saudoso Mestre do Humor Costinha.

O título dessa paródia da sétima arte à brasileira – safada e picante o suficiente para paladares rodrigueanos menos requintados – da estória infantil de a Branca de Neve e os Sete Anões insiste em atravessar a minha mente como Machado de Assis que, no centro do idílio, sobe à cabeça do angustiado e cansado Cônego Matias e a penetra aventurando-se na *Metafísica do Estilo*. Muito embora a estória de Branca de Neve seja apenas uma estória, uma ficção, um romance encantado, uma fantasia infantil, o título bem-humorado do roteiro cinematográfico de Ody Fraga e Aníbal Massaini revela uma verdade da vida: às crianças, não se conta a putaria da realidade.

É o caso de Lampião.

Neste livro, de forma direta e sem a formalidade das teses e pesquisas que visitei, conto a história – e não mais uma estória, quero dizer, não mais a farsa heroica ou a hagiografia farsesca – que as nossas professoras não contaram sobre **Virgulino Ferreira da Silva**, o Lampião. Ou, melhor: traço o perfil criminal de um psicopata popular e prejudicialmente apresentado como herói; uma aberração, em todos os sentidos, pensada e desejada, plantada e, cuidadosamente, cultivada pelo comunismo brasileiro mesmo sem respaldo nenhum de marxistas europeus.

Mais pornográfica do que a chanchada filmada pelas lentes de Oswaldo de Oliveira, a história de Lampião é lamentável e abjeta por completo. Tão abjeta que, sem que eu tivesse encontrado um só episódio merecedor de justificação ou compreensão cristã, deve vir à tona, oportuna e especialmente, neste momento insano da história brasileira. O motivo? Lampião foi homenageado, com pompa e circunstância, no autointitulado *Maior Show da Terra*. Foi coroado no desfile sagrado campeão do popularíssimo Carnaval carioca, expressão cultural e artística brasileira mais cara, importante e conhecida mundialmente.

Sim, em plena era da informação – e, apesar de toda informação falsa, também é tempo do excesso de informação verdadeira –, no ano da graça de 2023, deu-se a desgraçada graça: um dentre os mais notórios e perigosos psicopatas e, certamente, o maior e mais violento estuprador, torturador, ladrão, assassino, golpista, sequestrador, extorsionário, traficante e terrorista brasileiro – e, sim, eu ainda falo de uma só pessoa, de Virgulino Ferreira da Silva – foi homenageado com dinheiro público e privado. Aplaudido não somente por um povo que, em sua grande maioria, ignora a história verdadeira de Lampião, mas também louvado por veículos de imprensa (consorciados como um criminoso cartel) e por autoridades políticas por eles incensados como defensores do amor, da paz, da união, das mulheres, da justiça, da democracia e do escambau... Autoridades autorizadas que, em realidade, não passam, cada uma a sua maneira, de lampiões que iluminam apenas a própria face e deixam todos aqueles que os cercam na escuridão.

Ora, não passam de safados e hipócritas todos os formadores de opinião e todas as autoridades que arrogam para si – vituperando-se, ambos, em elogios de boca própria – a medalha de defensores das mulheres, das minorias e dos mais pobres, bem como a insustentável nobreza da missão do desarmamento quando assistem silenciosos, aplaudem e comemoram o triunfo da vitória de uma homenagem a Lampião, um dos maiores traficantes de armas pesadas da História do Brasil.

Li, certa vez, em algum dos instigantes títulos de Mark Lilla (provavelmente em *The Stillborn God*[1]) que a religiosidade fanática leva o religioso (*religioso estúpido* na definição

---

[1] LILLA, Mark. *The Stillborn God*: religion, politics and the modern West. New York: Vintage Books, 2008.

que tracei em meu livro *Estética da Estupidez*[2]) a optar pela *escuridão da luz da revelação*. Some-se a essa dura sentença de Lilla a clássica lição de Raimond Aron, qual seja, a de que certas ideologias – a exemplo do comunismo ou de qualquer vertente ensopada pelo marxismo – não passam de religiões seculares, e o resultado torna-se absolutamente nítido: qualquer militância ideológica, afastada da lógica e da racionalidade, tal qual os religiosos estúpidos, optará, insistentemente, pela escuridão das revelações oportunistas. É o caso trágico da escuridão que emana de Lampião.

Como um *cachimbo* (denominação dos sertanejos mercenários que queriam se vingar dos cangaceiros e, assim, trabalhavam ao lado dos *macacos* – os cangaceiros chamavam os soldados oficiais de macacos), visitei dezenas de teses, nacionais e estrangeiras, sobre Lampião. Sim, como um cachimbo porque quero também fazer *justiça*: tempos atrás, fui acusado por um desafeto (covarde militante estúpido), sem razão nenhuma, de misógino, racista, elitista e coisas similares. O sujeito é, cumpre destacar, um *lampionista* de primeira ordem: com direito a romaria ao local de abate de Lampião, vestes e sandálias de couro, anéis nos dedos sempre prontos para fazer o "L" e bordões de saudação a Lampião.

Logo, além da conveniência histórica, serve também o presente trabalho como um particular instrumento de defesa ao comprovar que é o *lampionista* – e não este autor – o real

---

[2] PAVINATTO, Tiago. *Estética da Estupidez*: a arte da guerra contra o senso comum. São Paulo: Edições 70, 2021.

misógino, racista, elitista etc. (tudo, é claro, ao estilo cafona de um homem que, ainda fracassado pessoal e profissionalmente, vê a meia idade escapar por entre os dedos das suas mãos que apenas conseguem apalpar, sem afeto, rapazes mais ingênuos e acariciar, sem carinho, senhores mais abastados). Afinal, aquele que grita "Viva, Capitão Virgulino!" é, em última análise, um estúpido tão ordinário quanto qualquer outro que, no seu afã militante, grita "Viva, Coronel Ustra!" – ainda mais quando se sabe que ambos os gritadores sujariam as calças na presença de um ou de outro homenageado.

Porque os nossos objetivos são os mesmos, concluo esta introdução recorrendo às palavras reveladoras da esperança de Machado de Assis, no delicioso conto a que fiz referência logo no início:

> "Não me interrompas, leitor precipitado; sei que não acreditas em nada do que vou dizer. Di-lo-ei, contudo, a despeito da tua pouca fé, porque o dia da conversão pública há de chegar.
>
> Nesse dia – cuido que por volta de 2222 –, o paradoxo despirá as asas para vestir a japona de uma verdade comum. Então esta página merecerá, mais que favor, apoteose. Hão de traduzi-la em todas as línguas. As academias e institutos farão dela um pequeno livro, para uso dos séculos, papel de bronze, corte-dourado, letras de opala embutidas, e capa de prata fosca. Os governos decretarão que ela seja ensinada nos ginásios e liceus. As filosofias queimarão todas as doutrinas anteriores, ainda as mais definitivas, e abraçarão esta

psicologia nova, única verdadeira, e tudo estará acabado. Até lá passarei por tonto, como se vai ver."[3]

Assim, como um tonto, passo à verdadeira história de Lampião. A história que nossas professoras não contaram.

---

[3] MACHADO DE ASSIS. O Cônego ou Metafísica do Estilo. In: ____. *Várias Histórias*, 1896, ora in *Machado de Assis*: todos os contos. Rio de Janeiro: Nova Fronteira, 2019. p. 264-265. v. II.

NA CÂMARA COM LAMPIÃO DE GÁS

De muitos anos atrás
Que o nosso sertão sofria
De uma fera bravia
Com os seus leões: voraz!
Tirou do sertão a paz,
Plantou a conflagração,
Estragou todo o sertão
Essa fera horrenda e bruta,
Com vinte anos de luta,
Apagaram o Lampião...

O Lampião se acendeu,
Todo o sertão pegou fogo,
Outro mais terrível jogo
Nunca houve igual ao seu.

Dizem que agora morreu
Pro bem da população,
Findou-se aquele dragão,
Pela força alagoana,
Graças à mão soberana,
Apagaram o Lampião.

Chegou muito telegrama,
Contando esse ocorrido,
Que Lampião, com os bandidos,
Perderam a vida e a fama.
Acabou-se a cruel chama,
Findou-se a conspiração,
Haja festa no sertão,
Dê vivas toda pessoa,
Que a polícia de Alagoas
Apagou o Lampião.

Lá no estado de Sergipe,
Ele sempre se escondia,
Mas, quando Deus quer, um dia,
Não há mal que não dissipe.
Quem souber, me participe
Como apagaram o vulcão,
Se foi Deus, com sua mão,
Que mandou a trovoada,
Com uma chuva de rajada,
Apagar o Lampião.

> *Eu agora estou ciente*
> *Que isso por Deus foi mandado:*
> *Anjos, em vez de soldados,*
> *Um santo, em vez de um tenente,*
> *Agarraram ele de frente*
> *Sem ter dele compaixão,*
> *Com raio, corisco e trovão,*
> *Fuzilaria e rajada,*
> *Nessa horrenda trovoada,*
> *Apagaram o Lampião.*[4]

Foi com esse repente que Manoel Floriano Ferreira, o Manoel Neném, também chamado de *O Poeta de Viçosa* (AL) e, até mesmo, *O Maior Cantador do Nordeste*, cantou a notícia da morte do mais famoso cangaceiro do Brasil, Virgulino Ferreira da Silva. A morte de Lampião foi um estrondo não somente na imprensa nordestina; também os jornais, as rádios e revistas do Rio de Janeiro, de São Paulo, de Buenos Aires, de Nova York e de Paris noticiavam, comentavam e debatiam o acontecimento.

Neném foi trazido para a Maceió, a capital Alagoana, para homenagear a façanha dos policiais do Município de Piranhas (AL) que, mais eficientes do que os baianos, pernambucanos, paraibanos e todos os outros policiais nordestinos que jamais

---

[4] FERREIRA, Manoel Floriano s/d apud MELLO, Frederico Pernambuco de. *Apagando o Lampião*: vida e morte do Rei do Cangaço. São Paulo: Global, 2018, p. 12-13.

venceram o Rei do Cangaço, abateram esse bando, não apenas descoroando o Soberano do Crime, bem como, inclusive, cortando a sua cabeça, a de sua mulher e também de nove de seus auxiliares que lhe faziam companhia no momento derradeiro, no dia 28 de julho de 1938, na Grota do Angico, sertão do Sergipe.

Sobre o motivo da chacina, muito se discorre em relação a um suposto apoio do Governo Federal, então comandado por Getúlio Vargas, para a extinção do cangaço naquele ano de 1938. Todavia, não é possível encontrar nenhum registro documental de qualquer determinação específica vinda diretamente do Presidente da República ou do Ministro de Estado aos Governadores Nordestinos com promessa de recursos para essa finalidade.

A realidade, por detrás do desfecho sangrento da trajetória do Rei do Cangaço, é mais rasteira: Lampião era extremamente vaidoso e acintoso; nunca deixava de se gabar, publicamente, sobre a fortuna pessoal que consigo carregava em ouro e dinheiro, este comumente lavado por meio de agiotagem – uma operação que, por se tratar de quem era, não corria o risco da inadimplência. "Dinheiro, eu tenho mais do que bosta de cabra em chiqueiro velho"[5], gabava-se Lampião em alto e bom som. É por isso que, comumente, seus contemporâneos costumavam dizer que, na verdade, Lampião foi morto pelo dinheiro dele.

A revolta do povo saqueado e, principalmente, o desespero daqueles que guardavam e lucravam com a lavagem da sua

---

[5] MELLO, Frederico Pernambuco de. *Apagando o Lampião*: vida e morte do Rei do Cangaço. São Paulo: Global, 2018, p. 206.

fortuna foram fatores muito mais plausíveis para a sua caçada fatal. Ao tratar das últimas ações de Lampião, antes do seu abate em Grota do Angico, o jornal baiano *A Tarde* noticiava que ele, da noite para o dia – como quem pretende sumir do mapa –, fizera a coleta de uma verdadeira fortuna (valor suficiente para a compra de vinte automóveis novos) extorquindo vários fazendeiros de uma só vez, bem como mandara coletar quilos de ouro guardados por um fazendeiro de Mata Grande.

Acrescente-se a isso o testemunho de Manoel Félix, cuja família "hospedara" o bando às vésperas da captura. Dissera-lhe, Lampião, ao perceber que não tinha mais o que saquear naquela região:

> "Ah, meus amigos, é que eu vou fazer uma viagem muito grande com esse povo. Nós vamos roubar no estado de Minas Gerais. O negócio lá vai ser pesado. Quem quiser ir, vai; quem não quiser, fica. Estou fechando minhas contas por aqui e cuidando de ajuntar cem homens."[6]

Lampião e sua quadrilha dilapidaram os sertanejos impiedosamente. Em um tempo no qual somente os muitíssimo ricos podiam comprar um automóvel – no sertão de Alagoas, por exemplo, apenas Delmiro Gouveia, proprietário da Fábrica de Linha da Pedra que exportava peles para a Europa, ostentava um carro –, um cangaceiro de Lampião tinha condições de, sozinho, comprar dez automóveis por mês.

---

[6] Idem, ibidem, p. 219.

A partir dos registros dos Anais do Conselho Municipal do Distrito Federal para o mês de julho de 1929, comparando-se os valores ali apontados como gastos públicos efetivados nas áreas da saúde e da educação primária e profissional na cidade do Rio de Janeiro com o produto das atividades da sua organização criminosa em 15 anos, constata-se que, anualmente, Lampião poderia manter entre um a dois postos de saúde mais duas escolas (uma profissionalizante e outra primária) em cinco Estados nordestinos... Coisa que nunca cogitou nem imaginou fazer.

De acordo com o major da polícia pernambucana à época, Optato Gueiros, Lampião "assassinou para mais de mil pessoas, incendiou umas quinhentas propriedades, matou mais de cinco mil rezes, violentou mais de duzentas mulheres e tomou parte em mais de duzentos combates nos seis estados nordestinos."[7]

Além dos roubos de joias e dos objetos de valor, restou, ao sertanejo, apenas o prejuízo material desses crimes em si, bem como aqueles oriundos das depredações, dos incêndios, das mortes e da desonra decorrente de estupros. Vargas não teria tantos motivos para desejar a morte de Lampião e o fim de seu bando quanto teriam todas as famílias levadas à falência material e moral pela crueldade banal e ganância do Rei do Cangaço. Já em 1934, os cangaceiros corriam mais risco de morrer pelas mãos das famílias vitimadas ou dos colegas do que pelas armas dos soldados com salários atrasados desde 1933.

---

[7] GUEIROS, Optato. *Lampião:* memórias de um Oficial Ex Comandante de Fôrças Volantes. Recife: s.e., 1952. p.275.

Contudo, o marxismo tropical mantém roubada a dignidade das vítimas de Lampião ao manter acesa a narrativa inverídica do heroísmo de um cangaceiro que teria sido trucidado a mando dos poderosos indiferentes às necessidades do povo nordestino. Uma chama com cheiro de enxofre ainda acesa.

CARCARÁ DE SERRA TALHADA

Discursos políticos não são garantia de nada. São meras oportunidades propagandísticas de um bem que pode não existir e que, talvez, nunca existirá. A Primeira Guerra Mundial, por exemplo, veio à tona no ano de 1914, apenas sete anos depois da festejada Segunda Convenção da Haia (Holanda), em 1907, sobre a Resolução Pacífica de Controvérsias Internacionais.

Logo, se nem a racionalidade discursiva pode assegurar o sucesso da proposta, as consequências dos discursos políticos profissionais proferidos por lunáticos dissociados da realidade em (des)virtude de promessas poeticamente proféticas de ideologias divorciadas da Razão serão, inevitavelmente, nefastas. Nessa seara, merecem destaque, é claro, as proposições marxistas que pouco divergem, na sua essência, das proposições religiosas (na expressão cunhada por Raymond Aron, *religiões políticas* ou *religiões seculares*[8]) e que, por esse motivo, trazem

---

[8] ARON, Raymond. O ópio dos intelectuais. Trad. Jorge Bastos. São Paulo: Três Estrelas, 2016, p. 275.

consigo, inerentemente, o altíssimo risco do desenvolvimento de projetos messiânicos que, na realidade, não passam de experiências totalitárias de poder. O profetismo marxista, afinal, se apresenta com o mesmo esquema típico do profetismo judaico-cristão, haja vista que toda espécie de profetismo traz, em si, a condenação daquilo que é e esboça uma imagem do que deve ser e será, bem como escolhe um indivíduo ou um grupo para vencer o espaço que separa o presente indigno do futuro fulgurante.[9]

Principal oponente de Sartre no debate público, Raymond Aron bem observa que, para o comunista – cuja fé justifica todas as medidas e convence o militante de que faz parte de um seleto grupo de eleitos encarregados da salvação comum[10] –, a doutrina, mesmo na ausência de transcendência ou de sacralidade, fornece uma interpretação global do Universo, insufla sentimentos semelhantes aos dos cruzados de todas as épocas, fixa a hierarquia dos valores e determina a maneira correta de se comportar[11] – o que requer, anteriormente, uma determinação intransigente acerca de "como" e "o que" pensar. Ideologias e paixões tornam-se, portanto, dogmas quando consentem o absurdo[12], como no caso da absurda idolatria a Lampião a partir dos comunistas brasileiros da década de 1930.

Lembra, nesta toada, os escritos de Michelet: "'A Revolução não adotou igreja alguma. Por que? Porque era, ela própria, uma igreja.'" (Ibidem, p. 291)

[9] Idem, ibidem, p. 276-277.
[10] Idem, ibidem, p. 279.
[11] Idem, ibidem, p. 275.
[12] Idem, ibidem, p. 296.

Lampião não preenchia nenhum requisito para que fosse idolatrado por capitalistas ou comunistas ou qualquer movimento social além do crime. Enquanto Lampião e seu bando eram decapitados em 1938, os olhos dos soldados pobres brilhavam diante das suas mãos abarrotadas de anéis de ouro. Além dos quilos de ouro, das muitas joias, e outras dezenas de quilos de objetos roubados em seus bornais, presos ao peito e em sacolas, tinham, também os cangaceiros abatidos, muito dinheiro; muitíssimo dinheiro; um montante em dinheiro vivo que qualquer um do povo sequer ousaria sonhar: cerca de mil contos de réis, ou seja, quase quatro vezes o valor do maior prêmio da Loteria Federal à época.

Não à toa, Lampião vivia se gabando da sua *cangalha*. *Cangalha, cangalhada* e *cangaçais* são palavras que, derivadas de *canga*, podem significar, entre outras definições, a mesma coisa: todos os bens de uma pessoa pobre – Lampião não era pobre, mas também não era exatamente um literato rei da etiqueta.

Em 1938, fazia quinze anos que Ruy Barbosa, considerado o brasileiro mais importante do Século XX, falecera. Entre tantos outros feitos extraordinários, Ruy ficou conhecido como o *Águia de Haia*: nomeado Embaixador Extraordinário do Brasil que, performando o ato mais sublime da história da diplomacia brasileira, representou o país na Conferência da Paz em Haia, no ano de 1907. Conta-se que, antes de sua esplendorosa apresentação, perguntou aos chefes do evento sobre que idioma deveria utilizar no púlpito. Diante da resposta, para que falasse na língua do seu país, Ruy teria pronunciado o seu discurso em tupi-guarani.

Tal como o heroísmo de Lampião, esse acontecimento (esclareça-se: o discurso em tupi-guarani, e não a grandiosidade de Ruy) não passa de uma anedota, porque, de um lado, a língua oficial da Conferência era o francês e, de outro, o epíteto de *Águia* decorre de um fato banal: *Delegação das Águias* era o nome da comitiva chefiada por Ruy Barbosa em 1907; denominação inventada pelo Barão de Rio Branco, então Ministro das Relações Exteriores do Brasil, para saciar a vaidade de outro grande brasileiro que se negava a participar da comitiva por motivo de antipatia com Ruy Barbosa, o abolicionista Joaquim Nabuco, que ocupava o cargo de embaixador brasileiro em Washington – não funcionou, apenas Ruy aceitou o convite. De qualquer maneira, a menção da anedota ao tupi-guarani vem a calhar.

Em 1840, cerca de uma década antes do nascimento de Ruy Barbosa, grande parte dos últimos falantes dessa língua brasileira na região da Amazônia foi morta pelas tropas imperiais sob a regência de Diogo Feijó. Influenciados pelas notícias da Revolução Francesa, Félix Clemente Malcher, Antonio Vinagre, Pedro Vinagre, Vicente Ferreira de Paula e Eduardo Angelim lideraram os indígenas e mestiços, o povo miserável e também os homens remediados da antiga Província do Grão-Pará (atuais Estados do Pará, Amazonas, Amapá, Roraima e Rondônia) no sangrento episódio da revolta popular que durou cinco anos (1835-1840) e ficou conhecido como *Guerra dos Cabanos* (ou *Cabanagem*).

Junto com as vidas dos pretensos revolucionários, foi ceifada, também, a comunicação na língua nheengatu, ainda maciça somente na isolada Província do Grão-Pará, uma vez que já era proibida no Brasil desde 1758 por Diretório de Sebastião José de Carvalho e Melo, o Marquês de Pombal, Secretário de Estado do Reino português sob D. José I. O Diretório foi convertido em norma legal através do Alvará de 17 de agosto do mesmo ano de 1758 e, assim, não apenas a língua portuguesa se tornou a língua oficial do Brasil Colônia, mas também qualquer uso e ensino de outras línguas se tornou proibido. As razões da medida constam do § 6 da lei:

> § 6 – Sempre foi máxima inevitavelmente praticada em todas as nações, que conquistaram novos domínios, introduzir logo nos povos conquistados o seu próprio idioma, por ser indisputável que este é um dos meios mais eficazes para desterrar dos povos rústicos a barbaridade dos seus antigos costumes e ter mostrado a experiência que, ao mesmo tempo que se introduz neles o uso da língua do príncipe que os conquistou, se lhes radica também o afeto, a veneração e a obediência ao mesmo príncipe.
>
> Observando, pois, todas as nações polidas do mundo este prudente e sólido sistema, nesta Conquista se praticou tanto pelo contrário, que só cuidaram os primeiros conquistadores estabelecer nela o uso da língua que chamam geral, invenção verdadeiramente abominável e diabólica, para que, privados os índios de todos aqueles meios que os podiam civilizar, permanecessem na rústica e bárbara sujeição em que até agora se conservaram.
>
> Para desterrar este pernicioso abuso será um dos principais cuidados dos diretores estabelecer nas suas respectivas

povoações o uso da língua portuguesa, não consentindo por modo algum que os meninos e meninas que pertencem às escolas e todos aqueles índios que forem capazes de instrução nessas matérias usem a língua própria das suas nações, ou da chamada geral, mas unicamente a portuguesa, na forma que sua Majestade tem recomendado em repetidas ordens, que até agora não observaram, com total ruína espiritual e temporal do Estado.[13]

A ordem de Pombal era, na realidade, uma dura resposta na queda-de-braço travada com os jesuítas no Brasil, uma vez que esses missionários se puseram ao lado dos Guaranis no combate contra os exércitos de Portugal e Espanha. Foram os jesuítas que unificaram as línguas faladas pelos povos originários da costa brasileira e transmitidas unicamente pela tradição oral. Apesar das variações, eram todas bastante parecidas e, portanto, a partir das suas similitudes, unificaram-nas e criaram, tomando como base a gramática da língua portuguesa, uma forma escrita para fins de catequização.

No Norte, privilegiando o dialeto dos Tupinambás, a nova língua brasílica ficou conhecida como *nheengatu* (*nheeng* significa língua e falar; *atu* pode ser traduzido como correto e bom). Já no Sudeste, uma vez que o Padre Anchieta aprendeu a língua com os Goitacás, sua gramática, assim como no Centro-Sul brasileiro, era conhecida como *língua geral paulista* que, mais tarde, passou a ser chamada de *tupi-guarani*. Em ambos os casos, pela

---

[13] EDELWEISS, Frederico. *Estudos Tupis e Tupi-Guaranis*. Rio de Janeiro: Livraria Brasiliana, 1969, p. 18.

ausência de referências a experiências e a coisas comuns aos europeus – pois desconhecidas por esses povos originários –, foram inseridas muitas palavras das línguas portuguesa e espanhola. Por serem bastante similares, essas duas línguas brasílicas elaboradas pelos jesuítas são, ambas, comumente chamadas de *nheengatu*.

Nessa língua brasílica, *canga* ou *acanga* significa *cabeça*. Nesse diapasão, *canguçu* tem o significado de *cabeça grande* ou *onça*. Todavia, uma vez que o nheengatu foi composto também de palavras importadas de Portugal e Espanha, é defensável que o termo *canga* tenha origem na língua proto-celta (línguas celtas faladas na Península Ibérica antes do domínio romano). Antenor Nascentes, por sua vez, propõe que a palavra tenha se originado de fontes chinesas e cantonesas (*k'ang-ka*).[14]

De fato, na China, existe um instrumento portátil de suplício: um colar quadrado, com cerca de um metro de lado e vazado ao centro para acomodar um pescoço, inventado para a punição de delitos leves e que se chama canga.

A palavra *cangaceiro* deriva de *canga*, mas – embora seja o cangaço, de fato, um efetivo para suplício popular à disposição de latifundiários – da *canga* brasileira: pode ser tanto a peça de madeira que une uma junta de bois para o trabalho conjunto quanto o pau que dois carregadores põem nos ombros para o transporte de objetos pesados. Seja pelo fato de se juntarem para um trabalho animalesco ou seja porque costumavam carregar

---

[14] NASCENTES, Antenor. *Dicionário Etimológico da Língua Portuguesa*. Rio de Janeiro: s.e., 1955, p. 94. t. I.

todos os seus muitos pertences ao longo de suas vidas nômades, é certo dizer que o termo *cangaço*, a partir da existência do *cangaceiro*, vem de *canga*.

Ora, *canga* é um vocábulo que guarda estreita relação com *cangote*, um abrasileiramento da palavra castelhana *cogote* incorporada ao vocabulário da Língua Portuguesa e que significa nuca. Isso explica o fato de que, em todos os significados apresentados, canga é sempre algo que circunda o pescoço ou está sobre os ombros na altura do pescoço.

É oportuno observar que, no Brasil, também encontramos a canga chinesa nos tempos do cangaço. Por aqui, no entanto, não era um colar quadrado para humanos, mas um utensílio usado no pescoço de porcos, para impedir que fugissem passando pelas cercas dos currais ou que caíssem em bueiros. De alguma maneira, não é exagero afirmar que o cangaceiro era também uma canga no pescoço do sertanejo faminto para que ele, reduzido a uma condição menos favorável do que a de um porco, se resignasse à sua realidade, não fugisse nem ousasse invadir a propriedade do seu coronel – aliás, no sentido figurado, *canga* é a imposição de obediência, do domínio através da opressão.

Como se pode notar, nada que preste pode ser extraído da palavra *cangaceiro*. Muito menos do desserviço histórico do comunismo no Brasil: em seus discursos, o militar e político comunista mais famoso do Brasil, Luís Carlos Prestes, capciosamente, vendeu Lampião e o seu bando para o mundo como pobres camponeses de nobre coração que se insurgiram, com eficiência, contra a opressão. A partir da defesa nada honesta, dessa *fake news* irresponsável, conclamou o Partido Comunista do Brasil a abraçar os cangaceiros para, assim, guiar esses companheiros dispersos e desconhecedores da sua comum natureza comunista em uma verdadeira *Frente Ampla* pela luta de massas contra o feudalismo e o imperialismo.

Em resumo, Prestes pretendeu elevar Lampião, o *Carcará de Serra Talhada* (Município pernambucano onde nasceu Virgulino Ferreira da Silva), à categoria de Ruy Barbosa, o *Águia de Haia*. Prestes não fez coisa que preste.

PEGA, MATA E COME

Ainda artista desconhecida, Maria Bethânia tinha apenas 17 anos de idade quando subiu ao palco do Teatro de Arena, em São Paulo, no ano de 1965 para a sua apresentação no *Show Opinião*, espetáculo criado pelo teatrólogo Augusto Boal um ano antes – ou seja, logo na sequência da instauração do Regime Militar de 1964 – e que se tornou, instantaneamente, um grande sucesso entre estudantes universitários e artistas engajados com as causas marxistas. Empossada do microfone, a jovem Bethânia – que, anos antes, tentou a carreira da atriz em Salvador – triunfa com a sua interpretação de *Carcará*, música composta por João do Vale, e na qual incluiu a recitação de um texto extraído de um senso elaborado pela inglória Sudene (Superintendência do Desenvolvimento do Nordeste) acerca da migração de nordestinos afetados pela seca. *"Carcará, pega, mata e come..."* Eis o refrão de uma denúncia na qual o carcará representa o Regime Militar e a sua condescendência com os poderosos nordestinos que, como a ave de rapina, atacam suas pobres presas.

Lampião foi, décadas antes, esse *carcará lá no sertão*; esse *pássaro malvado com o bico volteado que [...] pega, mata e come* – e, destaque-se, comia sozinho com o seu bando e com os coronéis pagantes. Aniquilando, com relação aos pobres, qualquer ética que possa existir no velho ditado "farinha pouca, meu pirão primeiro...", Lampião não era de compartilhar.

Por mais que a militância marxista *lampionista* queira ocultar a realidade, o fenômeno do cangaço lança raízes nos movimentos bandeirantes e passa pelas figuras remotas dos capitães do mato (o terror dos escravos), dos *bundões* (o terror dos garimpeiros no sertão baiano) e dos morrões (a versão goiana dos *bundões*).

Ao longo do Século XVIII no campo e no sertão do Rio São Francisco, dessas figuras remotas derivam os chamados *cacheados* e *vira-saias*: contratados por coronéis para aterrorizar populações e perpetuar seus domínios, eram especializados em assaltos e estupros de mulheres na frente de seus pais ou maridos. Já no Século XIX, ao lado dos *cacheados* e *vira-saias*, e em razão da escassez de escravos na Bahia, surgem os *capitães de estrada* (ou *de assalto*) que, "contratados" por latifundiários, capturavam e escravizavam caboclos livres.

Somavam-se, a todos eles, os *curimbabas* e os *dungas* (os assassinos políticos de coronéis no incessante jogo político nordestino), bem como os *clavinoteiros*, os *rabos de galo* e a figura solitária do *jagunço*, que guarda estreita correlação com o *peito largo* (que, sob encomenda, cometia arruaças, espancava eleitores e sumia com votos) e com o *bugreiro* (que estuprava e matava indígenas para dar posse de terras a grileiros). É desse caldo de monstros mercenários impiedosos que surgem os *cangaceiros*.

Cangaceiro, bugreiro, peito largo, jagunço, rabo de galo, clavinoteiro, dunga, curimbaba, capitão de estrada, vira-saia, cacheado, morrão, bundão, capitão do mato e *bandeirante*: todos eles se assemelham na origem, nos métodos e nas finalidades. Se origem e finalidades imediatas são os fatores que distinguem esses sujeitos em grupos específicos, os meios de ação revelam a sua natureza em comum. Assim, porque são, invariavelmente, cruéis, covardes, desproporcionais, injustos e desumanos – dentre muitos outros aspectos pejorativos –, a atribuição ou simples cogitação de qualquer heroísmo a qualquer um deles é um ato possível apenas nos domínios da insânia ou um produto de uma desprezível operação simulada de banalização seletiva do mal.

Um cangaceiro, portanto, não passa de um miliciano de aluguel com a finalidade de manter os latifúndios e o poder político dos seus proprietários, os coronéis, através da violência e do terror.

Há quem sustente, como o Professor pernambucano contemporâneo de Lampião, Abelardo Parreira[15], que mercenários armados com a finalidade de expulsar certas tribos indígenas já eram identificados como cangaceiros em 1844. Todavia,

---

[15] PARREIRA, Abelardo. *Sertanejos e cangaceiros*. São Paulo: Paulista, 1934.

confrontando todos os documentos disponíveis na literatura, somente é possível afirmar, com propriedade de registros, que o cangaceiro surge com o trágico fenômeno climático da Grande Seca Nordestina do ano de 1877.

A seca no Nordeste brasileiro é, desde a descoberta e dominação portuguesa do território sul-americano, realidade regularmente documentada: já entre 1580 e 1583, a falta de água esvaziou engenhos e devastou fazendas e, além disso, promoveu um êxodo migratório dos indígenas quase que absoluto. No Século XVII, a denominada população *sertaneja* começa a ocupar a região mais tarde conhecida como *Polígono das Secas*, área geográfica que engloba os Estados brasileiros de Alagoas, Bahia, Paraíba, Pernambuco, Piauí, Rio Grande do Norte, Sergipe, Ceará e o Norte de Minas Gerais. Tais estados, não por acaso, serão o *mapa mundi* de Virgulino Ferreira da Silva, o Lampião, Rei do Cangaço e Governador do Sertão.

No Século XVIII, já no seu primeiro ano, a Carta Régia da Coroa Portuguesa obrigava os sertanejos a permanecerem no sertão, uma vez que proibia a criação de gado em um raio menor do que 50 quilômetros (10 léguas) contado a partir das costas litorâneas. Tal impedimento, somado à falta de infraestrutura e ao desinteresse imperial, potencializou a tragédia humanitária que marca a Grande Seca de 1877: a fome generalizada deu início aos saques do pouco alimento. O povo faminto, conduzido ao saque, levava bala dos policiais civis e essa dinâmica entre famintos e oficiais fez com que, entre 1877 e 1897, os coronéis, as autoridades de fato, contratassem bandos para amedrontar e punir saqueadores, bem como para colocar em prática qualquer outra tarefa que garantisse seus poderes políticos e econômicos. Esses mercenários contratados eram chamados de cangaceiros; o cangaço, um fenômeno de milícias particulares de latifundiários.

O cangaceiro é o sertanejo violento e cruel que, para fugir da miséria, perpetua na miséria ou mata os seus irmãos sertanejos trabalhadores e de bem. É, sem sombra de dúvida, um *bandido sádico de controle social* – e, quanto maior o seu bando, mais sádico se torna –, um fenômeno explicado pelo fanatismo de massas através da fortificação, validação e anonimização de qualquer estupidez individual no seio de um grupo de estúpidos que se retroalimentam.

O coronel do Polígono das Secas depende do cangaceiro e o cangaceiro depende do coronel por algumas razões: para enriquecer, para guardar as suas riquezas – obtidas pelo pagamento do coronel e pelos roubos e saques de populares –, bem como o seu arsenal de armas ilegais (é claro). Esta última razão que apresentei desenvolveu, por sua vez, uma nova classe na *sociedade da seca* (natural, moral e legal), a classe dos coiteiros: proprietários de terra aspirantes a coronéis que armazenavam as armas dos cangaceiros e os hospedavam.

É bastante plausível que tenham existido, ao longo das décadas, muitos cangaceiros ou bandos de cangaceiros que pegaram em armas por vingança ou que, saídos da miserabilidade e capazes de uma nova vida em outro lugar, abandonaram o "ofício". Contudo, com a ascensão de Lampião, toda imaginável virtude ou questão de honra não mais são cogitáveis.

PENSEM NAS MULHERES ROTAS, ALTERADAS

Acanhestra corrida eleitoral para o cargo de Presidente da República do Brasil em 2022 poderia ter sido intitulada de *Orgulho e Preconceito*. Muito embora nenhum dos dois contendores, no segundo turno, pudesse sustentar o estandarte do *orgulho*, ou seja, da defesa incondicional do respeito às chamadas minorias – quer dizer, das pessoas historicamente prejudicadas pelo fator discriminatório estruturante (mas não estruturado) na sociedade brasileira e na aplicação do Direito nacional –, um deles enlameou tal bandeira ao encampá-la com hipocrisia e absoluta falta de compromisso: o mentiroso foi o vencedor.

Em ato contínuo, os eleitores do novo Presidente bradavam, sem cessar, que "o amor venceu". Cessando tudo o que a antiga Musa cantou, o valor do amor submergiu; os hipócritas, orgulhosos de sua defesa meramente verbal das minorias, em especial da defesa das mulheres, festejaram outra vitória: o *Grêmio Recreativo Escola de Samba Imperatriz Leopoldinense* foi o grande campeão da maior, mundialmente conhecida e mais popular e importante competição brasileira, o Desfile de Carnaval da Cidade do Rio de Janeiro (RJ), em 2023.

Além da grande imprensa brasileira, que teve papel decisivo na vitória política que mencionei acima, comemorou, também o título de campeã conquistado pela *Imperatriz Leopoldinense*, a esposa do já Presidente da República – sim, a mulher do autointitulado defensor da mulher, cujo segurança institucional virá, meses depois, a agredir uma jornalista com um animalesco soco em seu peito pela única razão de ousar confrontar um ditador – que aceitara o convite e, portanto, tornara-se a "Madrinha da Velha Guarda" dessa Escola.

Perguntar-me-ão: *Pavinatto, deixa de ser chato! Qual o problema em apoiar o Carnaval, participar do mais importante festival popular brasileiro?*

Respondo: *O problema não é abstrato; o problema não é esse. O problema é específico e está no fato de que o desfile da Escola campeã homenageou um sujeito que tratava mulheres como vacas. Um dos maiores, senão o maior e mais cruel, estupradores – de mulheres e meninas – da história do Brasil. O problema foi celebrar o Rei do Cangaço Virgulino Ferreira da Silva, o Lampião. A verdade não rima.*

Logo após a apuração das notas que sagrou vencedora a Escola de Samba em questão, fiz essa denúncia em alto e bom som, em rede nacional, daquilo que restou da imprensa independente brasileira já não mais livre. O silêncio da imprensa consorciada, que serve de base ao Governo folião, e também da militância colorada que, sem nenhum rubor na cara, carrega a cor vermelha apenas nos uniformes (ou fantasias), foi ensurdecedor... Tão ensurdecedor que foi capaz de apagar a memória das vítimas do cangaceiro carniceiro, bem como a voz de todas as vítimas reais de crimes sexuais (como o estupro) que, hoje, em sua maioria, são contra crianças – se, antes, o samba ficava com a pureza da resposta das crianças, parece que, agora, tomou partido daqueles que lhes roubam a pureza.

Foi apenas em abril – ou seja, um mês e meio depois de minha crítica – que alguns militantes da esquerda brasileira parecem ter encontrado alguma justificativa para o injustificável e, assim, passaram a acusar o meu comentário nas redes sociais como *ato de disseminação de desinformação*. Andam dizendo que o tema campeão da Sapucaí não foi uma homenagem ao Rei do Cangaço, mas – sente-se e pasme, querido Leitor – uma crítica a ele.

Sustentam que o enredo quis celebrar a literatura de cordel, uma literatura popular cujo estilo remonta às trovas da Idade Média (entre os séculos XII e XIV) transfiguradas no cordel português, que incorporou a musicalidade dos *medajs* islâmicos e que chegou ao Brasil já com as primeiras caravelas no século XVI; e, aqui, transformou-se ao longo de três séculos de tradição oral em feiras livres, de maneira que as primeiras edições impressas apareceram somente no ano de 1893 com os textos de Leandro Gomes de Barros, Silvino Pirauá de Lima e Francisco Chagas Batista. Nesse sentido, para essa suposta celebração, o tema escolhido pela agremiação carnavalesca, qual seja, *O aperreio do Cabra que o Excomungado tratou com má-querença e o Santíssimo não deu guarida*, adaptou um dos cordéis mais famosos sobre Virgulino: *A chegada de Lampião no Inferno*, do poeta José Pacheco.

Logo, argumentam os militantes do confete, com mentira mais curta do que a extensão de uma serpentina, que a Imperatriz Leopoldinense não homenageou a vida bandida de Lampião, e sim contou um pouco de sua vida e trouxe para a avenida uma estória fantástica sobre a morte e a além-vida de Lampião ("o Cabra"), em especial, o episódio do seu apuro ("o aperreio") quando expulso do Inferno pelo próprio Diabo ("o Excomungado") e, ato contínuo, não recebido no Céu por Deus ("o Santíssimo"). O argumento bobo (infantil mesmo, oligofrênico, talvez) da esquerda brasileira não se sustenta por qualquer ângulo que se analise.

Muito embora o enredo não deixe margem para dúvida, quanto ao fato de que Lampião não é querido por Deus, a narrativa da "má-querença" pelo Diabo apresenta uma homenagem velada – mas impávida – ao cangaceiro: apesar de imperdoável pecador aos olhos da fé Católica, Virgulino Ferreira, mesmo diante de Lúcifer e do seu exército de demônios, é o homem (ou a alma) mais valente de que se tem notícia. A celebração da bravura heroica *de Lampião no Inferno* se repete no cordel de Minelvino Francisco Silva, *O encontro de Lampião com Padre Cícero no Céu*, que, como desfecho, registra a redenção do Rei do Cangaço por Deus através da intercessão do Padre Cícero Romão e da Virgem Maria.

Sim, caro Leitor, todos homenagearam Lampião: a mídia brasileira consorciada, toda a esquerda e, notadamente, os próceres do Governo Federal sob a batuta do Presidente Luiz

Inácio Lula da Silva – conterrâneo, assinale-se a coincidência, do Rei do Cangaço. Ambos são pernambucanos: Lula da Silva é natural do Município de Caetés (que, em 1945, ano de seu nascimento, era um distrito de Garanhuns) enquanto Virgulino Ferreira da Silva nasceu em Serra Talhada (cerca de 250 quilômetros de distância entre uma e outra cidade).[16]

Entretanto, os argumentos que acabei de apresentar sobre a qualidade dos cordéis inspiradores do samba-enredo sequer precisariam ser levados em consideração diante de um simples fato, um pequeno detalhe tão discreto quanto o Taj Mahal: a entronização, no último carro alegórico do desfile, da filha do provável psicopata – carro esse, aliás, com a cabeça coroada de seu pai.

A realidade impera sobre qualquer narrativa. Qualquer militância (social, partidária e, parece ser o caso nacional, jornaleira – mas nunca jornalística) que se rasga em autoelogios (vitupérios, portanto), quando garante (somente com as palavras divorciadas das ações) lutar contra toda forma de opressão à mulher, contra o patriarcado machista e misógino estruturante e o escambau, jamais poderia aplaudir e, menos ainda, apoiar de qualquer maneira um hino de louvor a um bandido que foi, certamente, um dos maiores e mais notórios estupradores da história do Brasil.

Miliciano de coronel que era, Lampião proibia o seu bando de estuprar as mulheres e as filhas dos coronéis contratantes e

---

[16] Fosse eu um numerólogo, arriscaria dizer que, subtraído o valor numerológico da distância que separa as cidades natais de Lula e de Lampião (250: 2+5+0 = 7) do ano do nascimento do Presidente (1945), temos, coincidentemente, o ano da morte do Rei do Cangaço (1945-7 = 1938).

dos seus coiteiros (os aspirantes a coronel que prestavam serviços a Lampião, como hospedagem e guarda de bens). Quanto às mulheres pobres, nenhuma restrição existia... Estas ficavam desgraçadas pelo resto de suas vidas, especialmente se fossem, de acordo com a definição legal brasileira que perdurou até 2005, *mulheres honestas*.

Historicamente, a *virgindade* foi um atributo feminino tão importante quanto a aparência física. Tal importância, além das razões sociológicas suficientemente conhecidas, era confirmada pelo Direito brasileiro que, inclusive, tratava de maneira idêntica os dois fatos: o dano estético (injustamente provocado antes do matrimônio da mulher e que ocorria com as mulheres consideradas *imorais* pelo bando de Lampião, que as marcava com ferro em brasa no rosto) e a perda da virgindade (injustamente violada antes do matrimônio da mulher). Dessa feita, tanto àquele que afeasse a mulher ainda não casada quanto àquele que *deflorasse* a mulher ainda não casada, a penalidade indenizatória imposta era a mesma: o "dote" (indenização em dinheiro).

Se o Código Civil de 1916 privilegiava a mulher que, "ainda capaz de casar", fosse injustamente deformada, fixando, para ela, uma indenização muito mais robusta, ou seja, o "dote" (artigo 1.538, § 2º), fê-lo, antes dele, o Código Penal de 1890 que, de igual forma, mandava indenizar a mulher injustamente deflorada através do mesmo "dote" (artigo 276). O primeiro legislador penal republicano, por sua vez, somente repetira, de maneira resumida, as disposições dos artigos 219 a 224 do Código Penal do Império (1830).

De fato, para a mulher, a virgindade era um aspecto tão (ou mais) essencial para o matrimônio quanto a aparência física, não sendo, portanto, desarrazoado argumentar que o conceito civil de *mulher solteira ou viúva ainda capaz de se casar* coincide, *in totum*, com o conceito penal de *mulher honesta*. Em razão da mesmíssima indenização, ainda em relação ao "dote", seja por lesão corporal seja pela violação da virgindade (com fito de compensar a dificuldade para o enlace matrimonial decorrente desses eventos injustos), o próprio Código Civil de 1916 dava ensejo ao entendimento de que a perda da virgindade e o afeamento estético apresentavam a mesma natureza jurídica: eram óbices para o casamento – sendo, ainda, a falta da virgindade causa de anulação do casamento (artigo 178, § 1º), pois representava um "erro essencial" sobre a mulher (artigo 219, IV). Aliás, a mesma codificação civil previa, pelo mesmo motivo, idêntica indenização ("dote") para a mulher virgem injustamente deflorada no seu artigo 1.548.

Essa sanção indenizatória, o "dote" permaneceu, simultaneamente, nos Códigos Penal (1890) e Civil (1916) por vinte e três anos (1917-1940), até a entrada em vigor do Código Penal de 1940 que não falava em *dotar*, mas mantinha o conceito de *mulher honesta* com fito de endurecimento das penas – esse conceito perdurou em nosso direito enquanto vigeu, no Código Civil de 1916, o artigo 1.548 e foi eliminado do ordenamento em 2005 (jocosamente, se diz que a Lei 11.106 acabou com a "mulher honesta" no Brasil).

A preocupação jurídica com a perda do "valor de mercado" da mulher mediante a violação física feminina (e a perda da virgindade é, na sua essência, uma lesão irreversível ao corpo da mulher; quer dizer, é um "dano" imaterial por alterar a qualidade do corpo feminino) e sua respectiva indenização em forma de "dote" (objetivando "seja satisfeita essa mulher de sua virgindade" para a "satisfação de seu casamento") têm origem no Livro V das Ordenações Filipinas (1603) que, no seu Título XXIII, dispunha: "o homem que dormir com mulher virgem (...), não casando ou não querendo ela casar com ele, seja condenado para casamento dela na quantia que for arbitrada pelo julgador, segundo sua qualidade, fazenda e condição de seu pai."[17] É o mais antigo dispositivo de reparação moral do nosso Direito.

Contudo, cangaceiros são foras da Lei e suas vítimas jamais foram ou seriam indenizadas conforme o Direito já mandava na época. Por mais dura que seja a conclusão, a menina ou a mulher do sertão nordestino estuprada, ou marcada no rosto por cangaceiros na década de 1930, valia menos do que a cadela Baleia de *Vidas Secas*. Lampião e seu bando eram sinônimos do pior pesadelo não somente para as mulheres, mas também para as meninas e, é claro, para os seus pais, já que eram uma ameaça perene de desgraça definitiva na vida afetiva e familiar dos miseráveis, dos pobres e também dos remediados do Sertão nordestino. A morte lhes era um destino mais generoso, uma cortesia.

---

[17] LARA, Silvia Hunold (org.). *Ordenações Filipinas*: Livro V. São Paulo, Companhia das Letras, 1999, p. 113-114.

Quando o bando de Lampião assassinava qualquer homem que, em sua casa, fosse marido, matava, também, a sua esposa caso ela fosse considerada feia – com ou sem estupro coletivo (a título de ilustração: antes de ser morta, há testemunhos de que uma idosa foi estuprada por cinco rapazes de Lampião). Todavia, fosse considerada "jeitosa", a pobre mulher ficava "à disposição" dos cangaceiros presentes: quem quisesse se tornar dono dela, tinha esse "direito" – como se ela fizesse parte do espólio do defunto, uma parafernália, um bem implicitamente legado a cangaceiro indefinido. Já em caso de dois ou mais interessados, a resolução deveria se dar entre eles de forma amigável – amigável para os estupradores e jamais para a vítima... Óbvio.

Em um país onde a legislação classifica como desonesta qualquer mulher solteira que não seja virgem, bem como a viúva que mantém relações sexuais, o estupro é, na escala da desonra, a pior coisa que pode acontecer a qualquer mulher. O estupro de meninas e mulheres promovido por Lampião e seu bando – além de seu policiamento misógino que, hoje, se igualaria às torturas aplicadas pela Polícia Moral iraniana contra mulheres que usam irregularmente o véu – era fato tão notório que, na edição de 24 de abril de 1931, o jornal *A Noite*, publicado no Rio de Janeiro, então Capital brasileira, bem distante do Sertão Nordestino, deu a seguinte notícia:

> "'Lampeão', o famigerado 'capitão' Virgolino Pereira [sic], continua a espalhar pelos sertões o luto, a miséria e a desonra.

Ao que tem informado o serviço telegraphico especial da A NOITE, suas façanhas cada vez mais se revestem de selvagem perversidade. (...).

Como recordação dos acontecimentos que apavoraram Itiuba, o correspondente da A NOITE, tal como promettera, remetteu-nos um chicote e uma palmatoria, deixados pelo bando de 'Lampeão' naquella localidade bahiana. A palmatoria é talhada em madeira tosca, sendo grande e grossa. O chicote tem por cabo um junco coberto de couro. É reforçado na ponta, com sela dupla e crivada de taxas. Nosso correspondente informa que, segundo depoimentos autorisados, o chicote pertencia ao caibra 'Nevoeiro', e a palmatoria ao de alcunha 'Volta Secca'. Chicoteadas eram as mocinhas que têm os cabellos aparados conforme a moda, emquanto que a palmatoria servia para o castigo de velhas indefesas."[18] **[FIG. 1]**

No mesmo sentido e no mês seguinte, o *Jornal do Brasil*, em sua edição de domingo, 3 de maio de 1931, publica o seguinte texto:

"Lampeão continua depredando Nordeste Bahiano, saqueando, tendo desvirginado dezesete moças, ferrando face a diversas. Acaba destroçar força Tenente Arsenio, matando nove soldados. Moças acima referidas foram brutalizadas

---

[18] AS PROEZAS DE "LAMPEÃO". *A Noite*. Rio de Janeiro, sexta-feira, 24 de abril de 1931, ed. 6.971, p. 2. Disponível em: http://memoria.bn.br/pdf/348970/per348970_1931_06971.pdf. Acesso em: 17 abr. 2023.

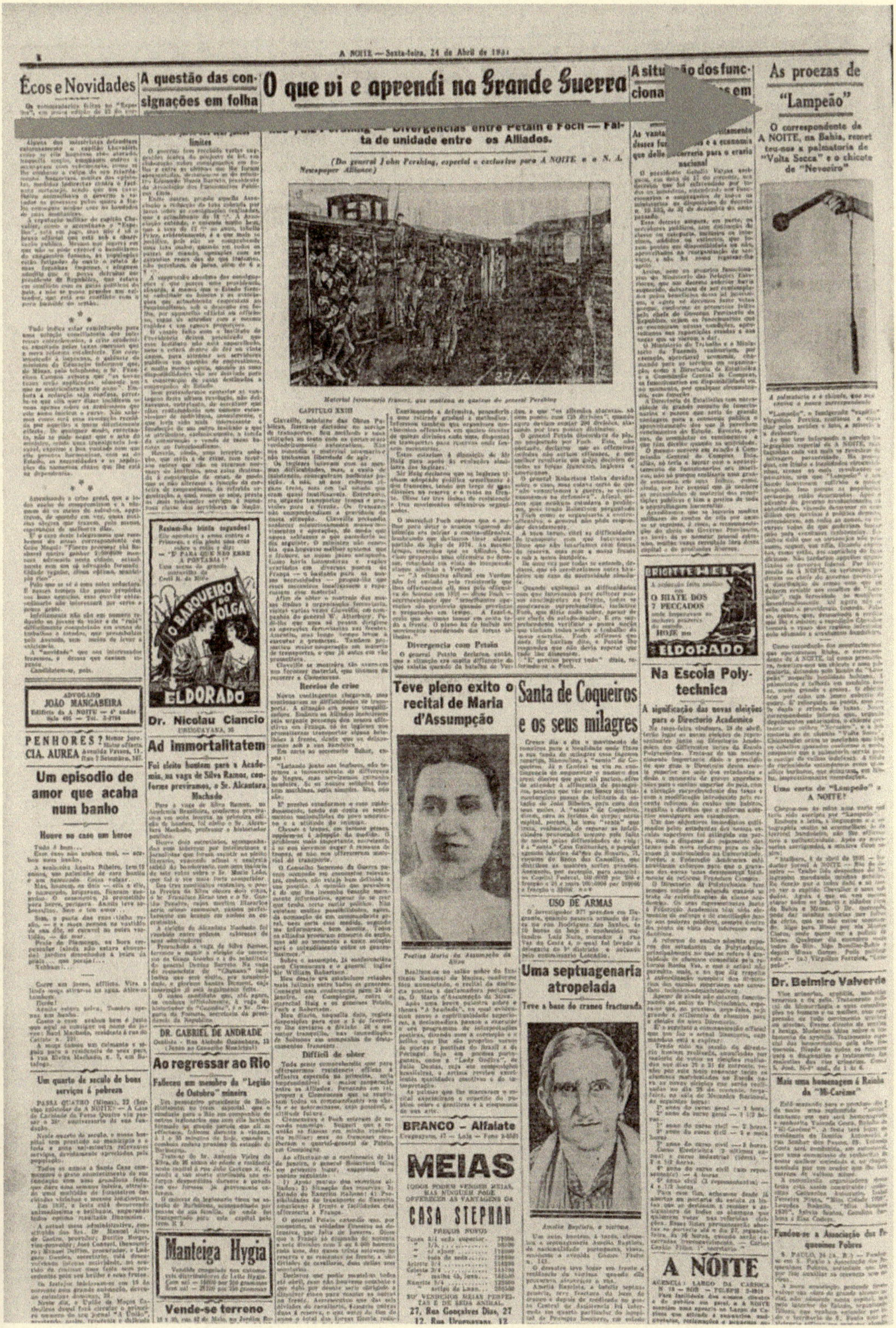

A NOITE — Sexta-feira, 24 de Abril de 1931

Écos e Novidades

A questão das consignações em folha

O que vi e aprendi na Grande Guerra

Divergencias entre Petain e Foch — Falta de unidade entre os Alliados.

(Do general John Pershing, especial e exclusivo para A NOITE e e N. A. Newspaper Alliance)

A situação dos funccionarios

As proezas de "Lampeão"

O correspondente de A NOITE, na Bahia, remet teu-nos a palmatoria de "Volta Secca" e o chicote de "Nevoeiro"

O BANQUEIRO DO VOLGA

ELDORADO

Dr. Nicolau Ciancio

Ad immortalitatem

Um episodio de amor que acaba num banho

Teve pleno exito o recital de Maria d'Assumpção

Santa de Coqueiros e os seus milagres

Na Escola Polytechnica

Uma septuagenaria atropelada

Ao regressar ao Rio

Manteiga Hygia

BRANCO — Alfaiate

MEIAS

CASA STEPHAN

Dr. Belmiro Valverde

A NOITE

Vende-se terreno

[FIG. 1] *A Noite*. Rio de Janeiro, sexta-feira, 24 de abril de 1931, ed. 6.971, p. 2.

por vinte bandidos, calando algumas Bom-fim em estado gravíssimo."[19] (sic) **[FIG. 2]**

Entretanto, a notícia que mais provocou náusea em todo o país foi a matéria de capa do jornal *A Noite*, em 11 de junho também do ano de 1931, estampada com a foto de "Maria Felismina, a pobre moça ferreada na face por 'Lampeão', em Varzea da Ema, por ter os cabellos cortados."[20] **[FIG. 3]**

De todos os cangaceiros do bando de Lampião, José (Zé) Baiano sempre carregava consigo dois ferros de marcar boi com as suas iniciais, JB. Em brasa, marcava a face ou, a depender da gravidade da indecência ostentada pela vítima (quer dizer, da espécie de afronta aos rígidos padrões particulares de decência petrificados na convicção do cangaceiro), a genitália, a nádega ou a panturrilha das "suas" (porque as estuprava) mulheres.

Marcadas como vacas para o resto de suas vidas miseráveis, o crime era mais cruel do que o homicídio, afinal, estamos falando do Brasil da década de 1930, quando a mulher era tratada juridicamente como bem de propriedade do pai ou do marido. Ou seja, para além do sinal público da sua desonra, o

---

[19] O BANDITISMO DE LAMPEÃO. *Jornal do Brasil*. Rio de Janeiro, domingo, 3 de maio de 1931, anno XLI, ed. 106, p. 6. Disponível em: http://memoria.bn.br/DocReader/DocReaderMobile.aspx?bib=030015_05&PagFis=40337. Acesso em: 17 abr. 2023.

[20] NOVAS FAÇANHAS DO TERRÍVEL BANDIDO. *A Noite*. Rio de Janeiro, sexta-feira, 11 de junho de 1931, ed. 7.019, p. 1. Disponível em: http://memoria.bn.br/pdf/348970/per348970_1931_07019.pdf. Acesso em: 17 abr. 2023.

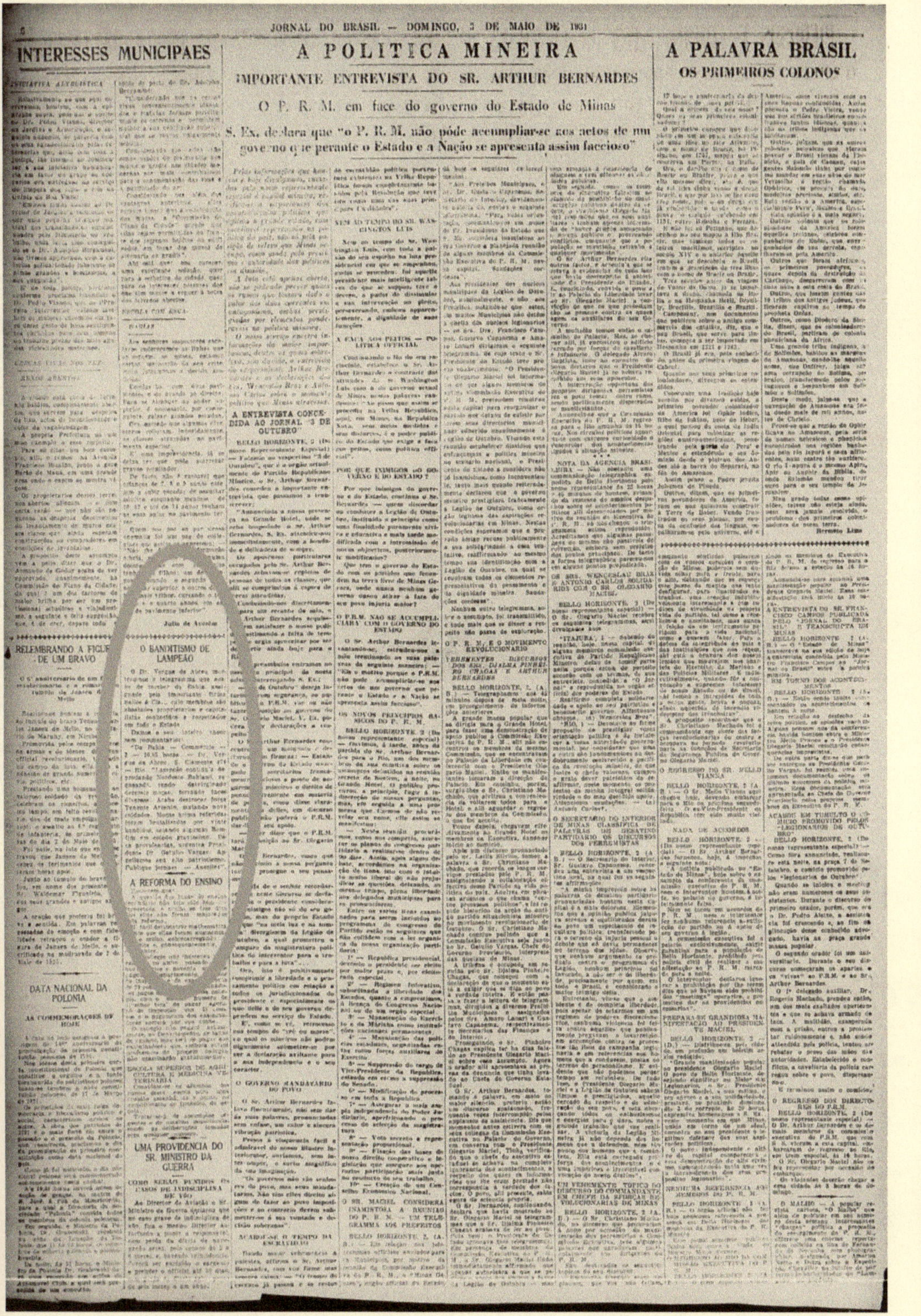
JORNAL DO BRASIL — DOMINGO, 3 DE MAIO DE 1931

INTERESSES MUNICIPAES

A POLITICA MINEIRA

IMPORTANTE ENTREVISTA DO SR. ARTHUR BERNARDES

O P. R. M. em face do governo do Estado de Minas

S. Ex. declara que "o P. R. M. não póde acumpliar-se aos actos de um governo que se perante o Estado e a Nação se apresenta assim faccioso"

A PALAVRA BRASIL

OS PRIMEIROS COLONOS

RELEMBRANDO A FIGURA DE UM BRAVO

O BANDITISMO DE LAMPEÃO

A REFORMA DO ENSINO

DATA NACIONAL DA POLONIA

UMA PROVIDENCIA DO SR. MINISTRO DA GUERRA

[FIG. 2] *Jornal do Brasil*. Rio de Janeiro, domingo, 3 de maio de 1931, anno XLI, ed. 106, p. 6.

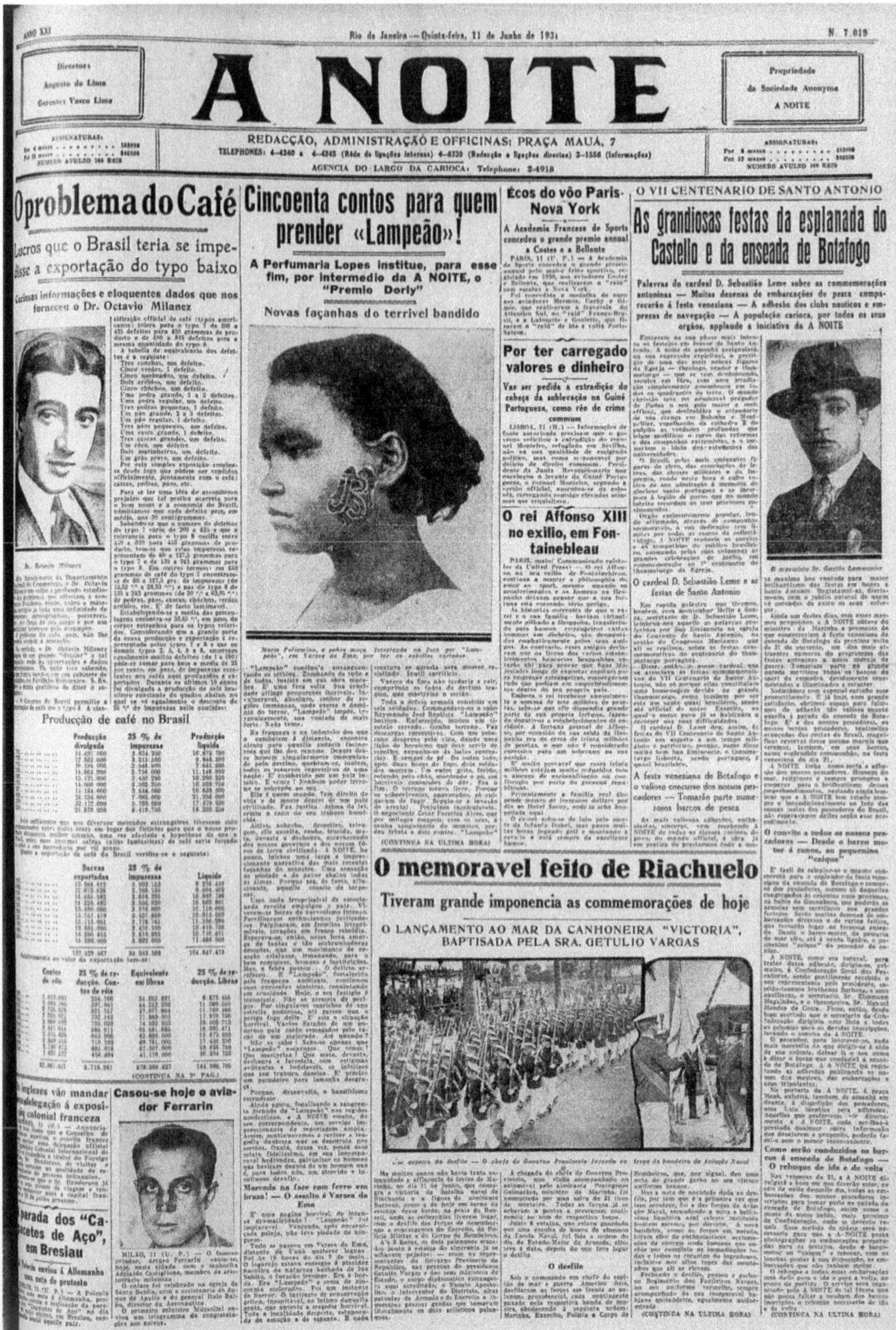

ANNO XXI — Rio de Janeiro — Quinta-feira, 11 de Junho de 1931 — N. 7.019

A NOITE

Director: Augusto de Lima — Gerente: Vasco Lima

Propriedade da Sociedade Anonyma A NOITE

REDACÇÃO, ADMINISTRAÇÃO E OFFICINAS: PRAÇA MAUÁ, 7

AGENCIA DO LARGO DA CARIOCA: Telephone: 2-4918

O problema do Café

Lucros que o Brasil teria se impedisse a exportação do typo baixo

Curiosas informações e eloquentes dados que nos forneceu o Dr. Octavio Milanez

Producção de café no Brasil

Cincoenta contos para quem prender «Lampeão»!

A Perfumaria Lopes institue, para esse fim, por intermedio da A NOITE, o "Premio Dorly"

Novas façanhas do terrivel bandido

Écos do vôo Paris-Nova York

Por ter carregado valores e dinheiro

O rei Affonso XIII no exilio, em Fontainebleau

O VII CENTENARIO DE SANTO ANTONIO

As grandiosas festas da esplanada do Castello e da enseada de Botafogo

O cardeal D. Sebastião Leme e as festas de Santo Antonio

A festa veneziana de Botafogo e o valioso concurso dos nossos pescadores — Tomarão parte numerosos barcos de pesca

O memoravel feito de Riachuelo

Tiveram grande imponencia as commemorações de hoje

O LANÇAMENTO AO MAR DA CANHONEIRA "VICTORIA", BAPTISADA PELA SRA. GETULIO VARGAS

O desfile

(CONTINUA NA ULTIMA HORA)

Casou-se hoje o aviador Ferrarin

Inglezes vão mandar delegação á exposição colonial franceza

A parada dos "Capacetes de Aço", em Breslau

[FIG. 3] *A Noite*. Rio de Janeiro, sexta-feira, 11 de junho de 1931, ed. 7.019, p. 1.

afeamento desfazia qualquer chance de uma mulher contrair matrimônio, fato que, à época, era o único *emprego* que uma mulher comum poderia aspirar – e mesmo empregos em casas de famílias abastadas, bem como nas chamadas casas de tolerância, ficava quase impossível tê-los a depender do tamanho do estrago estético imposto em definitivo.

Até o próprio Lampião era um entusiasta desse método. Antes de se juntar com Maria (que, para a perplexidade de Virgulino, introduziria o corte *à la garçonne* entre as cangaceiras), ele mesmo promoveu um espetáculo de terror a céu aberto ao ferrar moças da população em Canindé, em público. Qualquer postura que os cangaceiros julgassem indecente era castigada – e Lampião julgava imoral o corte de cabelo curto. Quatro mulheres de Canindé, irmãs e esposas de policiais locais, desafiaram publicamente a ordem do Rei do Cangaço. Resultado: três foram ferradas na bochecha e a quarta, que estava grávida de oito meses, não foi marcada, mas teve sua loja completamente vandalizada. Cacheado, que foi um dos cangaceiros que escapou da morte e acabou preso, sem mostrar nenhum remorso, afirmou ao Jornalista Joel Silveira: "A gente matava como uns danados."[21]

Outro cangaceiro que acabou preso com seu comparsa Cacheado, Ângelo Roque, relata que, entre o fim de 1929 e o começo de 1930, na cidade baiana de Mirandela, Lampião violentou uma mulher em razão do seu indecente casamento com um homem de 80 anos. A esposa foi estuprada por ele e,

---

[21] SILVEIRA, Joel. *Tempo de contar*. Rio de Janeiro: Record, 1985, p. 133.

sequencialmente, pelos homens de seu bando (Ângelo Roque inclusive); o marido idoso, por sua vez, foi violentamente espancado. Ainda sobre esse episódio, o cabra Labareda, outro cangaceiro presente, justificava o fato do estupro coletivo na frente do marido pra que ele deixasse de ser sem-vergonha. Sobre o chefe, Lampião, Labareda afirmava que ele sentia mais prazer quanto mais a vítima chorasse.

Esse sadismo e outros semelhantes, tão ou mais cruéis, são assinaturas tanto dos estupros (que chamavam de *brincadeiras desejadas pelas mulheres*), promovidos por Lampião e seu bando de cangaceiros de forma isolada ou conjunta (*gesta* é a expressão cangaceira para o estupro coletivo, que era bastante usual), quanto dos outros incontáveis crimes que praticavam. Vinganças envolvendo castigos com componentes sexuais, por exemplo, eram bastante comuns: em muitas ocasiões, Lampião ordenou a suas vítimas, homens e mulheres de qualquer idade, que dançassem nus diante de todos que pudessem servir de plateia. Em Porto Folha, Lampião invadiu um casamento, estuprou a noiva fazendo-a sangrar e, antes de oferecer a vítima a todos os cangaceiros que estavam com ele, mandou que a avó da moça limpasse o sangue que sujava o seu pênis.

Em outra ocasião, durante a *gesta* (o estupro coletivo que se iniciava com Lampião, o chefe, que tinha a honra de possuir a mulher antes que seus capangas fizessem sujeira), a vítima sofreu uma hemorragia e, para não frustrar a "festa", Lampião encheu de terra a vagina da moça e socou com punhal para estancar o sangue que corria. Se morresse nesse processo, é certo que aconteceria a ela o mesmo que se sucedia com muitas outras vítimas: os bandidos se satisfariam dentro do corpo já sem vida, que seria oferecido, como de costume, aos cães.

A crueldade absoluta do bando de Lampião é relatada também pelo então vaqueiro Emídio Anjo, que conseguiu fugir da morte depois de testemunhar o estupro coletivo de uma conhecida e a chacina de mulheres e meninas de sua família:

"Aí eles pegaram uma moça, Delfina, mandaram matar galinha, cozinhar abóbora, fazer janta pra eles e ela fez tudo, coitadinha. Ela lá na cozinha, uns bandidos na cozinha pra ela não sair; e ela fazendo tudo. As outras eles pegaram e disseram: tragam umas esteiras! Botaram as esteiras no terreiro e mandaram se deitar toda a família: tinha mulher grávida, criança, todo mundo. Delfina lá dentro fazendo a janta e eles lá fora matando a família dela: um atirava e outro sangrava cada um com punhal desse tamanho! (...). Quando ela acabou de fazer a comida, os bandidos acabaram de comer; aí buliram com ela. Aquela ruma de homens, tudo se servindo dela. Ela gritava, por todos os santos, por Deus, por Nossa Senhora e eles botavam o punhal: 'Qué morrê de tiro ou de faca?' Aí depois acabaram de matar e botaram na esteira. Aí deixaram tudo morto e desceram para Piranhas."[22]

---

[22] BARROS, Luitgarde Oliveira Cavalcanti. *A derradeira gesta:* Lampião e Nazarenos Guerreando no Sertão. 3. ed. Rio de Janeiro: Mauad, 2018, p. 193.

É importante repetir que a tragédia era dos pobres. Se, por exemplo, um coronel dissesse não ter dinheiro para arcar com a extorsão de Lampião, seus cangaceiros "apenas" bateriam em sua esposa com pedaços de cana e aplicariam a palmatória nos filhos. Nada de estupro na casa grande dos poderosos.

PENSEM NAS MENINAS
CEGAS E LESADAS

É claro que os costumes mudam ao longo da História, de maneira que qualquer ação socialmente aceita e, até mesmo, estimulada em determinado tempo poderá, no futuro, ser encarada como algo monstruoso. É dado que, até meados do século passado, as mulheres se casavam ainda muito jovens. Todavia, à época do império do terror de Lampião, uma jovem com menos de 16 anos era declarada como inapta para se casar pela lei. Naquele tempo, falar em casamento era, necessariamente, falar em sexo (e, ainda hoje, matrimônios são anulados quando não consumados através do intercurso carnal). Entretanto, para as mulheres, especificamente, falar em casamento era falar, via de regra, em sexo pela primeira vez.

No Brasil imperial, antes de contarmos com diplomas jurídicos nacionais sobre o tema, vigoravam as disposições legais portuguesas – em especial, as Ordenações Filipinas – e também o Direito Canônico. Até 1890, portanto, eram inábeis para casar *os varões menores de quatorze anos completos e as fêmeas menores de doze anos*. Proclamada a República, o Decreto 181, de 24 de janeiro de 1890, do Marechal Deodoro da Fonseca regulou o casamento civil e aumentou a idade núbil: eram considerados capazes de celebrar matrimônio – e, assim, manter relações sexuais – os homens a partir dos 16 e as mulheres a partir de 14 anos de idade. Mais tarde, o primeiro Código Civil brasileiro (1916) elevou o limite etário masculino a 18 e, o feminino, a 16 anos.

Muito embora o Código Civil de 1916 fosse a lei vigente nas décadas de 1920 e 1930, o costume do sertanejo – distante do Governo Central no Rio de Janeiro e por ele esquecido – tinha mais proximidade com as regras do final do Século XIX. Por essa razão, naquele sertão dos tempos de Lampião, era socialmente aceitável que um homem se relacionasse com uma moça de 14 anos; não menos; e nunca através do estupro.

Tudo isso pra dizer que, até nesse quesito, o cangaço de Lampião era abjeto, uma vez que nunca reprimiu – pelo contrário, assentiu – o que, hoje, chamamos de pedofilia.

Voltemos ao cangaceiro psicopata Zé Baiano. Além de ferrar mulheres com as suas iniciais e de se excitar com o cheiro da carne queimando em brasa, "notabilizou-se" também por estuprar Maria Nazaré, uma menina cega de 10 anos de idade, na frente de seu pai.

Entre a menina cega e tantas outras lesadas, a história mais emblemática da pedofilia cangaceira tem como vítima a menina Sérgia: tinha 12 anos e vivia uma infância feliz para os padrões sertanejos, era rodeada de bonecas e bem criada pelo velho agricultor Seu Vicente e pela Dona Maria Santana.

Vicente, pressionado por forças policiais, relatou o paradeiro de um dos cangaceiros do bando de Lampião: Cristino Gomes da Silva Cleto, vulgo Corisco, o Diabo Louro, o número dois na cadeia de comando que ficava abaixo apenas do próprio Virgulino. Como vingança, Corisco, então com 20 anos de idade, mandou dois cangaceiros raptarem a menina Sérgia, que gritava e resistia aos capangas. Amarrada na garupa de um burro, foi levada pela mata e, na roça da Baia Grande, o próprio Diabo Louro a jogou no chão. Depois de imobilizar a criança, arrancou seu vestidinho, abriu as suas pernas impúberes e, feito um animal selvagem, rasgou a vagina de Sérgia penetrando com ritmo e força até que ejaculasse... Concomitante ao orgasmo do cangaceiro foi a constatação do estado de choque e de quase morte da garota banhada em seu próprio sangue vindo da sua genitália em carne viva.

Corisco levou a criança para a casa da tia e pediu que curasse a garota ensanguentada, febril e delirante, prometendo que voltaria assim que ela estivesse "recomposta". Depois da hemorragia, e para além dos delírios febris, Dona Vitalina ainda teve de tratar a menina em razão de uma severa infecção gonorreica que fazia escorrer de sua vagina violentada um viscoso líquido esverdeado.

Esse foi o primeiro "encontro" de Sérgia – que, a partir daquele dia, passou a ser conhecida como Dadá – com aquele que seria o seu marido, Corisco, que a levaria para o bando de Lampião, no qual ela se tornaria a única mulher do grupo a, efetivamente, pegar em armas e combater ao lado dos homens.

MORTO NA BELEZA
FRIA DE MARIA

Morreu Maria Bonita:
Que Deus tenha compaixão,
Perdoando os grandes crimes
Que ela fez pelo sertão,
Nos livre de outra desdita,
Que outra Maria Bonita
Não surja mais neste chão.[23]

Desde 1928, a poucos passos do *Central Park*, em Manhattan, na festejada e luxuosa Quinta Avenida, está a mais suntuosa loja de departamentos de Nova Iorque: a *Bergdorf Goodman*. Foi no quinto andar desse local exclusivo (em todos os sentidos que essa palavra tem) que,

---

[23] ATHAYDE, João Martins de. *A morte de Lampião* apud MELLO, Frederico Pernambucano de. *Apagando o Lampião*: vida e morte do Rei do Cangaço. São Paulo: Global, 2018, p. 181.

no dia 18 de novembro de 1970, Maria Bonita foi enaltecida, louvada e representada por modelos em trajes de verão a preços inacessíveis para qualquer mulher brasileira pobre ou remediada (valores que a maioria das mulheres do sertão nordestino jamais poderia sonhar e roupas que, nem em sonho, imaginaria vestir). Zuzu Angel, famosa estilista brasileira, lançava a sua coleção de roupas "inspiradas" no cangaço de Lampião e, em especial, de sua companheira Maria de Déa, conhecida, depois de sua morte, como Maria Bonita.

Sobre a mineira Zuleika de Souza Netto, estilista nacional e internacionalmente conhecida como Zuzu Angel (sobrenome de seu marido, o estadunidense Norman Angel Jones), é notório e heroico o seu confronto com o regime militar brasileiro a partir do ano de 1971. Influente, trouxe para a sua causa nomes de peso em Hollywood, como os de Lisa Minelli, Joan Crawford e Kim Novak, bem como o do todo-poderoso Secretário de Estado Norte-Americano, em 1976, Henry Kissinger. A luta de Zuzu – ecoada nas páginas de jornais de peso, como o *Chicago Tribune* e o canadense *The Montreal Star*, além do retumbante desfile-protesto-surpresa, em 1971, que a estilista armou no Consulado brasileiro de Nova Iorque – gravitava em torno da prisão e do sequencial desaparecimento de um cidadão americano, o seu filho Stuart Angel Jones. Stuart era integrante do famigerado MR-8, Movimento Revolucionário Oito de Outubro (8 de outubro se refere à data em que o sanguinário Ernesto "Che" Guevara foi capturado na Bolívia em 1967), uma organização marxista de luta armada contra o regime instalado no Governo brasileiro em 1964 e formada a partir dos dissidentes universitários do Partido Comunista do Brasil – este, por sua vez, criado em 1958 a partir de um racha no Partido Comunista Brasileiro, cujo mais famoso militante e Secretário-Geral, por 37 anos, foi Luiz Carlos Prestes, o responsável pelo indesculpável mito do heroísmo de Lampião.

Zuzu Angel foi vítima da pior das dores, a perda de um filho. Essa mãe foi vítima não somente do autoritarismo militar vigente, que apertou o gatilho, mas também de dois outros delírios ideológicos: o primeiro foi o delírio marxista, que colocou o seu primogênito na mira do revólver; o segundo foi o delírio *lampionista,* que a fez render homenagem ao carniceiro que, quando não sequestrou para servir o seu bando, assassinou, de maneira sádica – com métodos tão ou mais cruéis do que os dos militares de então –, incontáveis filhos na frente de suas mães (que poderiam, elas também, serem assassinadas depois de estupradas).

Imagine o amigo Leitor que, se soubesse o que Corisco fez com Sérgia, se soubesse – e eu recorro, já enojado da tarefa de descrever tanta carnificina, aos versos de Fernando Pessoa – *quantas mães choraram, quantos filhos em vão rezaram, quantas noivas ficaram por casar* em razão do sadismo psicopata de Lampião, Zuzu Angel jamais homenagearia o cangaço, ainda mais quando restavam a ela as suas duas filhas mais novas, ambas meninas, Hildegard e Ana Cristina.

Mas voltemos à companheira de Virgulino Ferreira: quem foi Maria de Déa? Era, de fato, bonita? Pode ser considerada, com a devida seriedade que o assunto demanda, um símbolo na luta pela emancipação da mulher?

Vamos aos fatos.

Maria Gomes de Oliveira, conhecida como Maria de Déa, nasceu no dia 17 de janeiro de 1910 (há exatos 54 anos da data em que Michelle Obama veio ao mundo). De personalidade explosiva, abandonava frequentemente o seu marido Zé de Neném. Frequentemente, isso porque o marido era, conforme a legislação vigente e os costumes historicamente arraigados, o dono da mulher e o responsável por ela em tudo na vida civil. Portanto, cada abandono obrigava o marido a recolhê-la na fazenda dos sogros e se reconciliar com ela. As brigas e sequenciais abandonos eram constantes.

Mesmo casada, Maria de Déa era fascinada pelas histórias que ouvia sobre Lampião. Se encontrasse qualquer cangaceiro, fazia perguntas deslumbradas. Aos 19 anos de idade, quase completando 20, Maria conheceu Virgulino pessoalmente quando esteve presente na fazenda de seus pais. Conta-se que foi um encontro de almas. Com a bênção de seus pais, deixou o marido de vez e foi viver com Lampião que, para a surpresa de todos, rompeu com a tradição cangaceira ensinada por seu velho mestre, o cangaceiro Sinhô Pereira, de que não se deve admitir mulher no cangaço, porque a mulher traz má sorte. Em resumo, Maria foi a primeira de muitas outras cangaceiras.

Era, Maria, bonita?

Adianto a resposta dentro dos padrões da Estética acadêmica: Não!

Cabocla baixa, de 1,56 metros de altura. Joaquim Góis descreve Maria de Déa como uma mulher apagada, com cabelos de um castanho fosco e penteados em um volumoso cocó um pouco acima da nuca, com o olhar vago e fugidio – de seus olhos castanhos (o que foi atestado pelo exame cadavérico da sua cabeça, em Maceió), e não azuis, como quiseram fazer crer os mitômanos *lampionistas* – acima da boca carnuda e do queixo atrevido, todos enquadrados em um rosto de linhas inseguras. Tal semblante, sem a beleza de um sorriso e quase duro na sua expressão, era ligado por um pescoço curto a um corpo desalinhado e vestido com mau gosto por suas mãos pequenas, descuidadas e de unhas sujas, que escolhiam roupas mal cortadas e mal costuradas, vestidos baratos de uma chita ordinária de cores berrantes. Enfim, conclui Joaquim Góis (um soldado sergipano que conheceu Maria quando ela ainda estava com o seu marido, Zé de Neném), não era bonita. Era mulher "só para ser desejada pela sensualidade pacata do remendão de Santa Brígida ou pelo amor distorcido e violento de Lampião."[24]

Essa realidade humilde, é claro, mudou depois de se juntar ao Rei do Cangaço: antes descuidados e sujos, os dedos encheram-se de anéis de ouro; o rosto, de linhas inseguras, emoldurou-se com brincos do mesmo metal nobre do qual também eram feitos os broches que enobreciam as novas roupas, bem como também os colares que envolviam, ou melhor, preenchiam o pescoço curto – agora perfumado – junto ao lenço de seda importada... Quanto às joias, é claro, quase sempre eram provenientes de roubos e extorsões. Era uma mulher banhada a

---

[24] GÓIS, Joaquim. *Lampião, o último cangaceiro*. Aracaju: Sociedade de Cultura Artística de Sergipe, 1966, p. 212.

ouro, sabonete *Dorly* da Perfumaria Lopes e, claro, água – três itens de alto luxo no sertão.

Deveras, a história da humanidade é farta em exemplos de mulheres pobres e sem perspectivas profissionais financeiramente promissoras que, alcançada a graça do marido rico ou poderoso, se deslumbram e esbanjam. Chegam até mesmo a desprezar, com seus novos hábitos caros e inacessíveis a quase unânime maioria da população, os seus pares, em razão do novo *status* – e maior é o desprezo quando essa ostentação é paga com a renda ou com os privilégios de um marido que vive extorquindo dinheiro do povo.

Maria de Déa era a primeira-dama do cangaço e, por isso, seu deslumbramento caro – mas nada refinado – pode ser comparado aos gastos abusivos de uma hipotética primeira-dama de uma República na qual não se consegue – ou não se quer – resolver as suas mazelas sociais profundas e históricas – como, imaginemos alguns exemplos hipotéticos, a continuamente acentuada e ascendente desigualdade social, a gritante inexistência de saneamento básico para quase metade da população –, as quais garantem, ao casal presidencial, os luxos que jamais experimentariam não fosse a malversação de impostos cada vez mais injustificáveis, já que a população permanece vitimada por uma criminalidade fora de controle, entre inumeráveis outras questões desumanas e, por isso, sempre injustas.

Sei que o amigo Leitor ficou intrigado e quer saber o motivo pelo qual Maria de Déa passou a ser conhecida como Maria Bonita – aliás, Maria, que nunca foi tratada como tal, morreu (sua cabeça foi decepada em 28 de julho de 1938, quando tinha

28 anos) sem saber que, assim, seria conhecida nacional e internacionalmente. É claro que vou explicar.

Poucos meses antes do seu assassinato, a imprensa carioca – tomada pelo fascínio da lógica ilógica comunista tropical ou pelo desejo de fazer alguma troça (acredito, pessoalmente, que o motivo real seja o primeiro) – atribuiu à Rainha do Cangaço o nome da protagonista do romance de Afrânio Peixoto, justamente intitulado *Maria Bonita*, que conta a estória das dificuldades enfrentadas por uma jovem sertaneja baiana extremamente bela. A obra se popularizou no Sudeste em virtude do longa-metragem homônimo dirigido pelo francês Julien Mandel, que estrearia nas salas de cinema em abril de 1938. Sua estreia estava marcada em data próxima à estreia de um documentário, filmado por Benjamin Abrahão, sobre Lampião e seu bando; ambas as apresentações aconteceriam no Cine Palácio do Rio de Janeiro, então Capital do Brasil. Todavia, pela proximidade temática e, especialmente, porque a mulher de Virgulino atendia por Maria, ambos foram censurados e recolhidos pelo Departamento Nacional de Propaganda do Ministério da Justiça do Governo Vargas.

Por fim, quanto ao segundo questionamento que apresentei no início deste capítulo, qual seja, se Maria de Déa pode ser considerada um símbolo feminista, a resposta é tão deprimente quanto a descoberta acerca de sua beleza. Não. Mil vezes não.

Maria, tal como a hipotética primeira-dama deslumbrada do hipotético país pobre e injusto que mencionei anteriormente, gozava, calada, de privilégios que as outras mulheres, que foram ingressando no bando de Lampião após a sua entrada, não tinham – muito embora, como qualquer outra mulher ali, dedicasse muito do seu tempo à cozinha, bem como ao bordado e à costura.

Além de assentir com os crimes praticados contra as mulheres em seus assaltos, dentro da associação criminosa cangaceira, as mulheres – submetidas a violências constantes de seus machos violentos – só poderiam estar ali se tivessem, literalmente, um cangaceiro que fosse seu dono... E até poderiam, contra a vontade da mulher, é claro, mudar de proprietário sem que o antigo precisasse estar morto (se o seu macho morresse e ela não fosse desejada por nenhum outro cangaceiro, era deixada na mata como quem abandona um cachorro na estrada). Muitas dessas mulheres da "corte" de Maria de Déa chegaram ao bando sequestradas de suas famílias. Muitas delas ainda crianças, como Dadá, mulher de Corisco, a única que tomava parte nos combates... As demais eram obrigadas a ficar para não inibir as brincadeiras ocorridas durante os assaltos, quer dizer, os estupros coletivos.

A única revolução que Maria de Déa foi capaz de promover foi mísera e mesquinha: a imposição da aceitação ao corte de cabelo *a la garçonne*, o cabelo curto que, até então, era considerado imoral para as mulheres.

Veja, o querido Leitor, como é daninho, maldito mesmo, o estratagema comunista. A militância de Prestes se prestou a difundir e a eternizar a devoção em Maria de Déa, colocando-a acima de mulheres contemporâneas a ela e tão nordestinas quanto ela, mas que, ao contrário dela, fizeram, de fato e de forma relevante, absoluta diferença para a emancipação das mulheres no Brasil. Dentre elas, a professora Celina Guimarães Viana, primeira mulher brasileira a se alistar para uma votação em Mossoró, no Estado do Rio Grande do Norte, no ano de 1928; no mesmo Estado e no mesmo ano, Luíza Alzira Soriano foi eleita Prefeita de Lajes, ou seja, foi a primeira mulher a se eleger prefeita no Brasil e em toda a América Latina; e, por derradeiro, a então recém-formada em Medicina e, posteriormente, reverenciada Psiquiatra Nise da Silveira que, através de seus artigos no jornal *Correio da Manhã*, a partir de 1927, foi a primeira mulher a colocar o dedo na ferida do trabalho feminino – Nise, diga-se de passagem, chegou a frequentar reuniões do Partido Comunista mais tarde, mas, mesmo sem nunca ter se filiado, foi expulsa pelos comunistas brasileiros que se incomodavam com o avanço e com o pioneirismo das suas pesquisas em Psiquiatria.

Ora, o que é o pensamento marxista – e, de igual maneira, os seus derivados – senão um delírio vitimado, apesar das sólidas premissas, por uma vaidade extrema que insiste em conclusões fantasiosas e que, assim, vem transformando, ao longo da história e em prejuízo das vítimas dos males bem delineados no pressuposto, tragédias alheias em farsas universalizadas?

QUANDO PASSA
NA BAIXA DO TUBO

Lampião foi um racista notório... E ele se orgulhava disso.

Mesmo sendo, Virgulino, um sujeito coxo, levemente corcunda e de pele acentuadamente escura, além de cego de um olho, carregava declaradas convicções preconceituosas contra carecas, mulheres de cabelo curto, homens efeminados, pessoas com deficiência física e, principalmente, contra pessoas pretas. Sobre estas, dizia, com desprezo, em toda ocasião: *"Negro não é gente"*; *"negro é a imagem do cão."*[25]

Tanto detestava gente preta que as associava ao diabo... E nem São Benedito tinha salvo-conduto: certa feita, aos pés de cada santo do oratório da Fazenda Borda da Mata, do seu amigo Antônio Caixeiro, Lampião deixou grande soma em dinheiro...

---

[25] CHANDLER, Billy Jaynes. *Lampião, o rei dos cangaceiros*. Rio de Janeiro: Paz e Terra, 1981, p. 239.

menos aos pés da imagem de São Benedito, diante da qual indagou: "Quem pode pensar que um santo possa ser negro?"[26]

Apesar da cor bastante escura da sua pele, quase preta, Lampião recusava, categoricamente, qualquer descrição que dele se fizesse como preto. Aliás, a definição da cor da pele de Lampião sempre suscitou problemas. Seus capangas, seus coiteiros, seus coronéis, suas vítimas, qualquer autoridade, cantadores de cordel, escritores e jornalistas... Enfim, diante da tarefa de descrevê-lo, ninguém poderia dizer outra coisa que não fosse *cor de bronze* ou *brônzicor*.

Testemunha histórica, Maria Vieira estava acompanhada de uma nora e de uma sobrinha. Caminhavam para a lagoa do Bonome, em janeiro de 1927. Desacompanhadas de qualquer homem da família, foram informadas de que o bando de Lampião estava aquartelado nas redondezas da lagoa, local onde elas encontrariam a outra nora e mais duas sobrinhas de Dona Maria. Desviaram a rota para encontrar Lampião e, de joelhos, Maria tomou a frente e garantiu serem mulheres honestas e honradas. Ela conta que, diante de tamanha deferência, Lampião pediu-lhe a bênção de Deus e da Virgem Maria. Dada a bênção, o Rei do Cangaço virou-se aos capangas Sabino, Luís Pedro e Ezequiel e lhes disse apontando para as três mulheres: "*Arreparem que família direita. Gente branca; refinada. As mulé no respeito, vestida direito, falando as coisa certa. Dê orde pra num fazêre bestêra na rua.*"[27]

---

[26] MACÊDO, Nertan. *Capitão Virgulino Ferreira:* Lampião. Rio de Janeiro: Leitura, 1962, p. 191.

[27] BARROS, Luitgarde Oliveira Cavalcanti. op. cit., p. 173

Mais emblemático ainda é o episódio da tomada da cidade baiana de Queimadas, em 22 de dezembro de 1929. Lampião ordenou a seus homens que cortassem o fio do telégrafo e, depois que interditassem a estação de trem, assaltassem o quartel prendendo sete soldados. O sargento Evaristo Carlos da Costa foi tomado como refém do bando e, conforme ordenou o Rei do Cangaço, dirigiram-se todos à residência do Juiz de Direito Manoel Hilario do Nascimento.

Muitos dos policiais eram pretos e, diante desse quadro, Virgulino elucubra que até poderia ser um policial ao invés de um cangaceiro, mas confessa a razão para não deixar o crime: *"Eu falo com a devida franqueza. Se não tivesse preto na polícia para dar ordens pra gente, eu até que sentava praça."*[28]

Quando Lampião adentra a casa do Magistrado, estavam, com ele, dois imediatos do judiciário local, o Oficial e o Tabelião. Todos os três servidores da Justiça eram homens pretos. Virgulino, diante dos três, exclama em alto e bom som para que todos pudessem ouvir: *"Terra desgraçada, toda a justiça é negra!"*[29]

Ato contínuo, julgando-se o juiz supremo da comarca, Lampião mandou o Juiz servir-lhe água. O Juiz obedeceu, prontamente, ao bandido que, agarrando a mão do Doutor Nascimento no exato momento da entrega do copo, fez mais uma troça: *"Ah! Não tem calo! Isso é nego bom pra uma enxada."*[30]

---

[28] CHIAVENATO, Júlio. *Cangaço:* a milícia do Coronelismo. São Paulo: 2021, p. 58.

[29] MELLO, Frederico Pernambuco de. *Quem foi Lampião?* Recife: Stahali, 1993, p. 93

[30] MELLO, Frederico Pernambuco de. *Apagando o Lampião*, p. 302.

Por fim, Lampião matou sete militares. A justificativa? "Matei todos os macacos por causa de um deles, um negro sem vergonha. Negro nunca foi gente! Negro é a imagem do diabo! Me disse umas grosserias e mandei matar a macacada toda"[31] – disse Lampião com total desprezo aos baianos.

---

[31] QUEIROZ, Maria Isaura Pereira de. *Os cangaceiros*. São Paulo: Duas Cidades, 1970, p. 164.

MALANDRO REGULAR, PROFISSIONAL

A exemplo da indefensável defesa de Lampião, promovida pelo marxismo ressecado pelo sol que queima Deus e Diabo, nem a preciosa sonoridade sob a métrica poética que embala o socialismo tropical mais erudito se sustenta diante da mais rígida prova da Razão, ou seja, sequer a arte mais romantizada é capaz de subsistir ao tempo.

Chico Buarque – cadáver adiado do outrora maior letrista de todos os tempos e que, hoje, traveste um ativista muito vivo – fez, em vida artística, uma das críticas mais deliciosas e severas sobre o malandro na política nacional em seu estupendo musical, diga-se de passagem, o melhor musical brasileiro – *Ópera do Malandro* de 1978. Logo na abertura, diz a canção *Homenagem ao Malandro*:

"[...] Agora já não é normal
O que dá de malandro regular, profissional
Malandro com aparato de malandro oficial
Malandro candidato a malandro federal
Malandro com retrato na coluna social [...]"

Em que pese a tentação de discorrer, a partir do trecho que acabo de transcrever, sobre a situação política brasileira do nosso tempo, situação regida, aliás, por um presidente em tudo apoiado pelo próprio Chico Buarque, ater-me-ei ao Rei do Cangaço: com Lampião, o cangaceiro torna-se regular, profissional, oficial e com retrato na coluna social.

Virgulino Ferreira da Silva foi parido no sítio Passagem das Pedras, em Vila Bela, atual Município de Serra Talhada, no Estado de Pernambuco. Conforme a sua certidão de batismo registrada na Paróquia de Bom Jesus dos Aflitos, o futuro Rei do Cangaço e Governador do Sertão nasceu no dia 4 de junho de 1898 – muito embora a certidão de nascimento escriturada no cartório da Vila São João do Barro Vermelho, atual Município de Tauapiranga, faça constar a data de 7 de abril de 1897 e sem contar, ainda, a informação do poeta e cordelista Antônio Américo de Medeiros, qual seja, que Lampião teria afirmado ao escritor cearense Leonardo Mota, em 1926, no Juazeiro do Norte, ter nascido em 12 de fevereiro de 1900.[32] Como se percebe, Lampião pode ser tudo, menos confiável – até mesmo nos detalhes mais insignificantes.

---

[32] MEDEIROS, Antônio Américo de. *Lampião e sua história contada em cordel*. Patos: Luzeiro, 1996, p. 1.

Antes de Virgulino vir ao mundo, a sua família fora expulsa da região dos Inhamuns, no Estado do Ceará. Apesar de serem pequenos proprietários, os Ferreira da Silva eram notórios ladrões de animais, como vacas, jumentos, cabras e bodes. Em Vila Bela, José Ferreira da Silva, seu pai, não abandonou os velhos hábitos criminosos, agora praticados com os filhos homens, de maneira que as famílias Nogueira e Saturnino forçaram a saída de José Ferreira da Silva e seus nove filhos (cinco homens e quatro mulheres) de lá.

Uma das teses mais exaurientes e bem documentadas sobre a vida de Lampião – e, por tais óbvios motivos, a biografia de maior crédito – foi levada a cabo pela historiadora francesa Élise Grunspan-Jasmin, da respeitada Universidade de Sorbonne. *Lampião, vies et morts d'un bandit brésilien* (no vernáculo, *Lampião: vidas e mortes de um bandido brasileiro*), título do Doutorado em questão, derruba o véu da fantasia e demonstra que Virgulino e seus irmãos, sempre armados, promoviam roubos nas redondezas de Nazaré (Pernambuco). Na derradeira perseguição policial local, houve troca de tiros e Livino Ferreira, irmão do jovem Virgulino, foi ferido no ombro. Os *irmãos espingarda* esconderam-se na casa de Chico Eusébio, mas Livino foi encontrado e ficou preso por pouco mais de um mês.

Solto pela intervenção de um político amigo, mas diante da fúria do poderoso José Saturnino, os Ferreira da Silva – despojados das cinco vacas leiteiras e até mesmo da mobília – venderam o Sítio Passagem das Pedras e rumaram, em outubro de 1918, para a Fazenda Olho d'Água, nos arredores de Água Branca no

Estado de Alagoas, onde já estava o avô materno de Virgulino, Antônio Matilde.

Mudança de Estado, mas nenhuma mudança de *status*. O estado de espírito, o hábito criminal se agrava. Um artigo do jornal *Diário de Pernambuco* descreve um assalto promovido pelos irmãos Ferreira da Silva em Pariconhas (Alagoas), em 1920. Os Ferreira da Silva não eram malditos apenas por coronéis. Em Alagoas, eram inimigos de toda a comunidade.

Os irmãos eram bandidos tão perigosos, temidos e odiados que, em 1922, entenderam por bem exilar pai e mãe em Mata Grande sob a hospitalidade de José Fragoso. Maria Jacosa, a mãe, morreu de causas naturais alguns dias depois. José Ferreira da Silva foi executado em 8 de junho do mesmo ano por soldados que procuravam seus filhos (que viviam na clandestinidade), uma vez que um deles, o João, pernoitava no esconderijo do pai.[33]

O resumo que acabo de apresentar sobre a quadrilha dos Ferreira da Silva é importante para rebater uma falsa premissa da mitologia *comunistropical*, segundo a qual Virgulino e outros dois irmãos ingressaram no cangaço para vingar a morte do pai pelas autoridades em razão dos desmandos de coronéis poderosos. A lorota grotesca foi plantada pelo próprio Lampião no jornal *O Ceará*, em entrevista concedida a Otacílio Macedo, em 1926. Transcrevo:

---

[33] JASMIN, Élise. *Lampião*: senhor do sertão. Trad. port. Maria Celeste Franco Faria Marcondes; Antonio de Pádua Danesi. São Paulo: Edusp, 2016, p. 66-73.

"Chamo-me Virgolino Ferreira da Silva, e pertenço à humilde família Ferreira, do Riacho de São Domingos, município de Vila Bela. Meu pai sendo constantemente perseguido pela família Nogueira e por José Saturnino, nossos vizinhos, resolveu retirar-se para o município de Águas Brancas – Estado de Alagoas. Nem por isso cessou a perseguição. Em Águas Brancas foi meu pai barbaramente assassinado pelos Nogueiras e Saturnino, no ano de 1917. Não confiando na ação da Justiça Pública, resolvi fazer justiça por minha conta própria, isto é, vingar a morte de meu progenitor."[34]

Note, Leitor, que Lampião, a fim de justificar os seus crimes e o terror contra pessoas pobres ou abastadas, adiantou a morte do pai de 1922 para 1917, bem como falseou o motivo: atribuiu-a à inimizade com os Nogueiras e os Saturninos escondendo o assalto bárbaro que ele mesmo liderou com o único objetivo de enriquecer em Pariconhas.

A mitomania de Lampião parece crescer junto com a sua notoriedade. Dois anos depois, em 4 de junho de 1928, dramatiza ainda mais a sua história pregressa de cangaceiro para o jornal *A Noite*:

"Eu não vivo a vida do cangaço por maldade minha. É pela maldade dos outros, dos homens que não têm coragem de lutar corpo a corpo como eu e vão matando a gente, na sombra, nas tocaias covardes. Tenho que vingar a morte

---

[34] Idem, ibidem, p. 81.

dos meus paes. Era menino quando os mataram. Bebi o sangue que jorrava do peito de minha mãe e, beijando-lhe a boca fria, jurei vinga-la...

É por isso que, de rifle ás costas, cruzando as estradas do sertão, deixo um rastro sangrento, na procura dos assassinos dos meus paes. Não ficou no assassinato do meu pae e de minha mãe, a maldade dos homens, a quem deve a sociedade responsabilisar pelos meus crimes. Os meus inimigos, que não têm coragem de matarme, assassinam cruelmente os meus parentes, como ha pouco mataram uma tia minha e duas irmães...

É por isso que eu sou cangaceiro. Não sei quando hei de deixar os horrores desta vida, onde o maior encanto, a maior belleza será extinguir a maldade daquelles que roubaram a vida de minha mãe e de meu pae e de minhas irmãs."[35]

Além do invejável arsenal de armas e munições, a narrativa de Lampião torna-se rica no arsenal de mentiras: quando mataram seu pai, ele não era menino, tinha 24 anos de idade! Sua mãe não foi assassinada como disse e ele, inclusive, porque estava foragido, sequer pôde ir ao velório dela pelo mesmo motivo que seus três outros irmãos comparsas – chega a ser fantástica a ficção de que teria bebido o sangue que jorrava do peito materno, beijado a sua boca fria e jurado, diante de seu corpo sem vida, vingá-la. Não há nada que comprove, também, a execução da tal tia tampouco das suas irmãs.

---

[35] Idem, ibidem.

Mesmo no auge do seu reinado de terror, Lampião jamais cumpriu a promessa feita também ao volante Optato Gueiros, qual seja, a de "não abandonar a espingarda, enquanto não matasse o Tenente José Lucena, José Saturnino e mais meia dúzia de gente ruim."[36]

Virgulino nunca se vingou daqueles que acusa terem matado a sua família... Nem dos que seriam os mandantes nem dos executores nem de nenhum parente ou apaniguado. Ele nunca foi, a realidade é essa, nem um vingador nem uma vítima da sociedade, nem dos coronéis nem das autoridades: Virgulino Ferreira da Silva era, simplesmente, um criminoso que espalhou e praticou, em escala industrial, a maldade com requintes de crueldade e sadismo nunca antes vistos no sertão nordestino.

Virgulino e três irmãos – à exceção de João (o único dos *irmãos espingarda* que assistiu à execução do pai e que poderia ser autor das versões de Lampião, mas que, pelo contrário, não optou por vingança e, até mesmo, renunciou ao banditismo para ser homem de família) e do quinto irmão que sofria de transtornos mentais incapacitantes (e era desprezado por isso) –, desconhecedores do trabalho honesto, ingressaram no cangaço: de malandros regulares, tornaram-se criminosos profissionais.

Foram acolhidos no bando de Sinhô Pereira, em Alagoas. Em menos de dois anos, Virgulino tornou-se o líder do bando: mais astuto, estratégico e impiedoso do que todos os outros, assumiu o posto, uma vez que Sinhô Pereira, por influência da

---

[36] GUEIROS, Optato. op. cit., p. 26-27.

família, do cerco policial e de um grande amigo, o poderoso Padre Cícero Romão, renunciou o crime.

É nesse ano da graça – para a desgraça – de Nosso Senhor Jesus Cristo de 1922 – embora alguns testemunhos digam que o ano foi 1921 – que, ao ingressar definitivamente no cangaço, Virgulino Ferreira da Silva recebe o famigerado apelido que se sobreporá ao seu próprio nome – tal qual acontecerá com um político que se elegerá, oitenta anos mais tarde, presidente do Brasil e será conhecido, quase que exclusivamente, por seu apelido obliterador do seu nome composto (mais ainda, incorporado ao nome completo cujo sobrenome, assim como o de Virgulino, é *da Silva*). Assim, nasce Lampião.

Quanto à alcunha, as versões também divergem. Lampião é palavra de origem italiana, *lampione*, datada do século XVII e, lá e cá, tem o mesmo significado: lanterna elétrica ou a combustível ou, ainda, poste para a iluminação de vias públicas.

Aliás, no dialeto napolitano, existe um ditado popular antigo, que diz: *L'urdemo lampione 'e forerotta*. Em uma conversa, os napolitanos sacavam tal frase para calar e se referir a um estúpido que nada tivesse a acrescentar, que desconhecesse o assunto. O dito faz referência ao último poste de luz que existia em Fuorigrotta quando a iluminação das vias públicas eram a gás. O referido poste derradeiro era chamado de poste 6666, um número que, para os antigos napolitanos, significa "quatro vezes estúpido".

Quanto à etimologia, *lampione* deriva do termo latino *lampas*, que é usado, por Virgílio a título de exemplo, para se referir a "facho, tocha, archote" e também à "luz dos astros" ou ainda, conforme os textos de Ovídio, a "candeeiro, lâmpada, lampadário." Diga-se, ademais, que o poeta Papinius Statius, além de significar o termo como "claridade, clarão, luz", valia-se da expressão *prima lampas* para se referir ao primeiro casamento – entendendo-se a ocasião como um ritual inaugural para o sexo (pelo menos da parte da mulher) e, portanto, não é de todo errado entender a expressão latina como uma ancestral da nossa *lua-de-mel*. Por derradeiro, vale registrar que Plínio e Tércio Lucrécio chamam *lampas* os meteoros de cor de fogo.[37] Ao que me parece, tanto o emprego do termo *lampas*, pelos notórios romanos da antiguidade, quanto o do verbo latino *lampare* (brilhar) têm origem na mitologia grega olímpica e aludem ao nome de Lampetia, a ninfa filha do Deus Helios, o Sol.

 Pobre sertão nordestino brasileiro, não bastassem os rios sem água, padece, também, de um lampião sem luz... Ninguém pode dizer ao certo se Virgulino recebeu o apelido em razão dos muitos tiros das suas armas, da história contada de que teria destruído todos os lampiões de um vilarejo que aterrorizou ou em razão de ser aquele que guiava os cangaceiros mais desprovidos de inteligência – inteligência inversamente proporcional à bestialidade (perfil patológico de conduta que todos, sem exceção, tinham de sobra). Não se sabe sequer se Virgulino se deu, ele mesmo, a alcunha ou se ganhou de outra pessoa – e, confesso, seria saboroso acreditar que Lampião fosse um apelido dado por algum napolitano ou descendente de napolitano que vivesse

---

[37] SARAIVA, F. R. dos Santos. *Dicionário Latino-Português*. 12. ed. Belo Horizonte: Garnier, 2006, p. 658.

em Alagoas e mantivesse alguma relação com qualquer cangaceiro de Sinhô Pereira.

Contudo, apesar da estupidez impressa em suas ações sempre cruéis, Lampião não era um estúpido ao estilo napolitano. Ele levou o cangaço a outro patamar profissional, mas o fez da maneira mais abjeta, quer dizer, ele aboliu o código consuetudinário de fidelidade e lealdade que imperava entre cangaceiros e seus coronéis – afinal, poderoso nunca era o cangaceiro, mas aquele que o financiava em primeiro lugar. Senhor absoluto do cangaço, Lampião barganhava entre coronéis e ficava ao lado daquele que pagasse mais... Isso também remete o caro Leitor a deputados e a senadores brasileiros do nosso tempo ou estou exagerando?

Lampião, que nunca foi herói, idealista ou vingador – foi, tão somente, um terrorista mercenário que abusava financeiramente dos ricos e também dos pobres (mas apenas nestes imprimia as marcas físicas do seu sadismo bestial) – promoveu uma simbiose entre o cangaço e o coronelismo e, como um Papa que soube roubar dos reis o protagonismo da coroação tornando-se, de fato, o rei universal dos reis nacionais, tornou-se Virgulino, na prática, um coronel itinerante de coronéis sedentarizados.

MALANDRO COM APARATO DE MALANDRO OFICIAL

Lampião, como concluí no capítulo anterior, elevou – ou rebaixou, do ponto de vista ético (se é que se pode falar desse predicado, ou seja, se me é permitido pensar na Ética quando falo de uma conduta puramente criminal) – o cangaço a outro patamar profissional. Quero dizer: mais lucrativo, haja vista o mercenarismo ilimitado de Lampião que lhe franqueava transformar em vítima aquele que o contratava se o alvo contratado lhe apresentasse oferta mais interessante – e, ao que parece, sem devolver ao primeiro cliente qualquer valor ou bem que tivesse recebido para executar o serviço contratado, porque, além de não o realizar, atuaria em prejuízo desse primeiro cliente se este não cobrisse a oferta feita pela parte que seria, em princípio, a vítima (talvez fosse a única conduta ética profissional do método *lampionista*: antes de atirar, avisar que o preço subiu porque o alvo lhe oferecera remuneração mais robusta).

Lampião sabia que era disputado por todos os coronéis que, mesmo extorquidos e até traídos, continuariam a desejar sua "amizade" e jamais lhe trairiam – ao contrário dele – quando lhe assegurassem sustento e proteção contra as forças policiais. Mas por qual motivo os poderosos coronéis, os donos do poder, submeter-se-iam a essa posição humilhante?

Nem por carisma nem por amor: Lampião era o cliente preferencial, o protagonista do tráfico de armas no Brasil – e, melhor do que tê-lo como contratado, era ter Virgulino como contratante, como cliente no negócio de armas; não somente ilegais, mas também armas de uso exclusivo do exército brasileiro lhe eram vendidas por soldados sergipanos e autoridades do Governo baiano. Qualquer cangaceiro do bando de Lampião sabia muito bem disso.

Os cangaceiros Ângelo Roque, Deus Te Guie, Volta Seca, Saracura e Caracol concordam com o companheiro Cacheado, em entrevista concedida no cárcere em 1944, quando afirma: "Se os homens educados não auxiliassem a gente com munição, a história seria outra. Não teria se dado nada do que se deu. Pensando bem, os criminosos são eles. Uma pessoa de bem não ajuda um bandido."[38]

Municiado de um aparato bélico oficial, com um arsenal de armas muito maior e mais letal do que de qualquer força policial local em todo o sertão nordestino, faltava a Lampião, que já se pareara aos coronéis em poder, parear-se às autoridades em títulos. Talvez o Rei do Cangaço tenha sido executado acreditando que lograra êxito também nessa ambição. O fato, todavia, é que **Virgulino Lampião recebeu uma falsa patente de Capitão das**

---

[38] SILVEIRA, Joel. op cit., p. 133.

mãos de uma autoridade falsa a pedido de um falso padre – este, uma verdadeira raposa política, um homem que Lampião, assim como quase todo nordestino (até hoje!), acreditava ser santo e venerava como quem venera a imagem da Virgem Maria: Cícero Romão Batista, *Padim Ciço*, o Padre Cícero.

Peço, neste momento, um bocado de paciência do persistente Leitor, porque preciso justificar a afirmação que fiz no parágrafo acima. "Virgulino Lampião recebeu uma falsa patente de Capitão das mãos de um falso padre." Para tanto, preciso situá-lo do contexto histórico através de alguns personagens fundamentais.

SENADOR RUY BARBOSA

Em um dos primeiros capítulos deste livro, exaltei a figura de Ruy Barbosa. Curioso, estudioso e versado em muitas ciências, o genial soteropolitano foi um dos homens mais eruditos da História do Brasil. Jurista, diplomado pela Faculdade de Direito do Largo São Francisco em São Paulo, escritor e tradutor, jornalista, filólogo, político e diplomata de primeira grandeza, Ruy – que, em 1897, foi um os fundadores da Academia Brasileira de Letras (e o primeiro ocupante da cadeira de número 10) – foi um dos autores da Primeira Constituição do Brasil republicano e o primeiro Ministro da Fazenda designado pelo Marechal Deodoro da Fonseca (proclamador da República e primeiro Presidente do Brasil), em 1889. Apesar de toda sua erudição, descobriu-se um péssimo economista no cargo ministerial, tendo levado o país a uma grave crise econômica por acreditar que a impressão de dinheiro seria uma solução. Foi um desastroso Ministro, mas elaborou uma bela Constituição para a época.

Humanista e opositor ferrenho do comunismo, ainda como Ministro e diante das movimentações políticas dos antigos donos de escravos, que articulavam o recebimento de uma indenização em razão da abolição ocorrida no ano anterior (1888), mandou destruir todos os registros de propriedade escravagista, frustrando e enfurecendo a elite escravocrata brasileira. Ruy concorreu à Presidência da República em 1910, mas foi derrotado pelo Marechal Hermes da Fonseca. Continuou, todavia, com sua cadeira no Senado pelo Estado da Bahia, cargo que ocupou até a data da sua morte, de causas naturais, aos 73 anos de idade em 1º de março de 1923.

Na noite de 5 de março de 1914, o Presidente Hermes decretou estado de sítio no Rio de Janeiro, então capital nacional. Na calada da noite, calou todos os jornais. Além da censura, impôs o toque de recolher nas ruas e proibiu reuniões – tudo isso sob pena de prisão. Sequencialmente, no dia 14 de março, estendeu a medida autoritária ao Estado do Ceará e depôs, com isso, o militar e político Marcos Franco Rabelo, então governador. Franco Rabelo tinha um inimigo declarado... Não, não falo do Marechal Hermes da Fonseca. Seu inimigo era o Padre Cícero Romão Batista, vencedor, nessa queda de braço, com ajuda do decreto presidencial – medida definida, já na origem, por Ruy Barbosa como "verdadeiro latrocínio noturno, mais covarde, insidioso e malfazejo do que os da crônica policial."[39]

---

[39] NETO, Lira. *Padre Cícero*: poder, fé e guerra no sertão. São Paulo: Companhia das Letras, 2009, p. 395.

PADRE CÍCERO

Mais poderoso do que todos os cangaceiros juntos era o Padre Cícero. Como um Papa encastelado em seu palácio de um hipotético Vaticano do Agreste, desfrutava de tudo o que o dinheiro pode comprar ao mesmo tempo que, através da mensagem bíblica, santificava a pobreza. Desse modo, controlava sem dificuldades qualquer eventual embate entre pobres famintos, lavradores desempregados ou trabalhadores explorados e os latifundiários. Motivo suficiente, como pode perceber o Leitor, para que fosse odiado pelos comunistas brasileiros liderados por Prestes.

Ordenado padre da Igreja Católica Apostólica Romana aos 26 anos, no dia 30 de novembro de 1870, fixou residência e sacerdócio em Juazeiro do Norte, em abril de 1872. Ali, firmou-se como líder popular adorado pelos pobres locais durante a Grande Seca, entre os anos de 1877 e 1879. Entretanto, foi no ano de 1889 que, para todo o povo nordestino, tornou-se santo, o mais legítimo e direto representante do próprio Deus na face da Terra: conta-se que, na missa do dia 1º de março desse ano, a hóstia consagrada se transformou em sangue ao ser depositada na boca da religiosa Maria de Araújo pela mão de Padre Cícero. A partir de Juazeiro do Norte, a notícia do milagre se espalhou rapidamente para o país inteiro. Padre Cícero tornava-se, assim, mais poderoso do que todos os coronéis, todos os policiais e todas as autoridades nordestinas, bem como todos os cangaceiros; mais poderoso do que todos eles juntos até!

Em 1912, Franco Rabelo assumiu o Governo do Ceará no lugar de Antônio Pinto Nogueira Accioli, que era tão amigo do Padre Cícero quanto o seu primo Antônio Luiz Alves Pequeno, prefeito de Juazeiro do Norte. O novo Governador minou toda a influência de Nogueira Accioli no Estado, depôs Alves Pequeno da Prefeitura e, no seu plano de enfraquecimento de todas as lideranças regionais, atravessou o caminho de Padre Cícero.

Suspeitando que o Padre pudesse esconder um arsenal bélico em sua casa paroquial – e qualquer semelhança de Padre Cícero com João de Deus[40] no Século XXI não é mera coincidência –, Franco Rabelo destacou duzentos soldados para promover um pente fino no Cariri: todas as casas (inclusive as dos coronéis) poderiam ser violadas em busca de munições – note, o amigo Leitor, que *censura, invasão da intimidade* e *desarmamento* são três elementos essenciais a qualquer político que sonha em implantar um regime autoritário.

A imprensa de Fortaleza, capital do Ceará, clamava pela prisão do Padre com a tomada de Juazeiro do Norte chamada, pelos entusiastas de Franco Rabelo, de *Cicerópolis*. Diante da notícia que corria nos últimos meses de 1913, todo o povo do agreste rumou para defender o *Padim Padi Ciço*: eram sertanejos

---

[40] João Teixeira de Faria, conhecido como João de Deus, é um médium brasileiro de fama internacional e criminoso condenado a partir de denúncias feitas por mais de trezentas mulheres que buscaram sua ajuda espiritual, mas foram, por ele, sexualmente abusadas. João comandava a cidade de Abadiânia, no Estado de Goiás, como um mafioso e escondia em sua casa um arsenal bélico de fazer inveja ao Exército brasileiro.

simples, pequenos proprietários, desocupados, lavradores, homens e mulheres, beatos e cangaceiros vindos de todas as partes. A revolta com os policiais aumentou ainda mais quando, nas estradas, romeiros passaram a ser presos – não importava se, nas mãos, carregassem espingardas ou rosários.

Fortaleza declarou guerra a Juazeiro do Norte e todos os jagunços e cangaceiros do agreste se juntaram para defender Padre Cícero que, através de seus poderosos amigos do Rio de Janeiro, fazia apelos ao Presidente da República, que declarou: "Eu sou neutro, a favor do padre Cícero."[41] No ano de 1914, Cícero se tornou o primeiro Vice-Presidente do Ceará.

Vaidade das vaidades, seus superiores hierárquicos na Igreja não aceitavam a veneração fanática que possibilitava ao Padre um exercício arbitrário não somente dos poderes sacerdotais, mas também do poder político. Além de ser acusado de entregar o sertão nordestino a cangaceiros sádicos, o recém-designado Bispo cearense, Dom Manoel da Silva Gomes, assim escreveu ao seu superior, Dom Giuseppe Aversa, Núncio Apostólico da Igreja de Roma no Brasil:

> "O fanatismo foi empregado pelo padre Cícero para fazer uma revolução política que tem devastado o Ceará, causando males incalculáveis (...). Lisonjeado pelo poderio que lhe tem dado o fanatismo, ligou-se a políticos ambiciosos da oposição ao governo do estado, e deu ordem a seus romeiros para que fizessem a revolução. Sem ele, sem sua nefasta

---

[41] NETO, Lira. op. cit., p. 387.

influência sobre a grande multidão de fanáticos, nada disso que agora lastimamos teria sucedido, porque os outros chefes da revolta não poderiam se levantar senão pouca gente, e nunca teriam ousado o que têm feito."[42]

O problema foi levado ao Vaticano e, após o parecer do Tribunal do Santo Ofício, em 12 de julho de 1916, Padre Cícero foi excomungado: não era mais padre nem podia ser católico... Só que Cícero Romão nunca soube disso.

O decreto de excomunhão só chegou à Diocese cearense por volta de maio de 1917. Antes disso, outro já era o Bispo; Dom Quintino Rodrigues, no Natal de 1916, aproximara-se amigavelmente de Cícero e se compadecera da genuína devoção popular a ele. Quando recebeu o decreto da Santa Sé, decidiu não comunicar ao excomungado e trancafiou o documento em sua gaveta do palácio episcopal.

Em novembro de 1920, Dom Quintino iniciou uma jornada de súplicas diretas ao Papa Bento XV que, ao cabo, anulou a excomunhão, mas negou-lhe o sacramento do sacerdócio. Cícero era ainda católico apostólico romano, mas não era, nem mais poderia, ser padre. Todavia, o Bispo nunca revelou nada a Cícero, que morreu sem saber que não era mais padre. Por 17 anos (entre 1917 e 1934, ano da sua morte, aos 90 anos de idade), Cícero continuou a vestir sua batina.

---

[42] NETO, Lira. op. cit., p. 404.

CAPITÃO PRESTES

Luís Carlos Prestes foi militar e o político comunista mais famoso do Brasil. Foi, por 37 anos, o Secretário-Geral do Partido Comunista Brasileiro. Em oposição ao Governo do então Presidente Artur Bernardes, o Capitão Prestes lidera um movimento político-militar – mas com maciça participação de civis – que ficará conhecido como *Coluna Prestes*: entre 1924 e 1927, seus rebeldes marcharam do sul ao norte brasileiro.

Em janeiro de 1926, Prestes e seus soldados (militares e civis embalados pelo sonho de uma república comunista brasileira) chegaram ao Ceará. A notícia não agradou em nada o "Padre" Cícero.

DOUTOR FLORO BARTOLOMEU DA COSTA

Nascido em Salvador, Floro Bartolomeu da Costa graduou--se em Medicina, em 1904. Mudou-se do Estado da Bahia para o Ceará quatro anos depois e acabou fixando residência em Juazeiro do Norte, a *Cicerolândia*. Não tardou em se tornar um dos amigos mais próximos de Cícero, que destacou Floro para ser o seu lobista no Rio de Janeiro junto ao Presidente Hermes da Fonseca, em 1913, na queda de braço contra Franco Rabelo.

Bastante eficiente, tornou-se deputado estadual na Assembleia Legislativa cearense com a deposição de Franco Rabelo, em 1914. Floro, homem da máxima confiança de Cícero, era deputado federal no Rio de Janeiro, em 1925, quando foi destacado pelo Presidente Artur Bernardes para traçar uma estratégia de defesa e tomar as medidas necessárias diante da notícia de que a Coluna Prestes se dirigia ao Ceará.

Com o apoio de Cícero, Floro arregimentou cerca de mil voluntários que compuseram o chamado *Batalhão Patriótico*. Contudo, a fama dos revolucionários da Coluna Prestes amedrontava os voluntários patrióticos, afinal, a marcha tinha percorrido, invicta, treze estados brasileiros... E a fama dos comunistas era pior do que a dos bárbaros.

Já usara o poder mítico de Cícero para a convocação da tropa; Floro precisava, agora, de um capitão tão temido quanto Prestes para liderá-la. Mas qual ser tão bestial na imaginação do povo nordestino poderia fazer frente ao mito do comunista Prestes?

Não havia mais dúvidas: Floro, condecorado *General Honorário do Exército*, angariou do Governo Federal mais verbas, mais uniformes e muitas armas para que, assim, pudesse atrair Lampião para capitanear o Batalhão Patriótico no fatídico ano de 1926.

Entretanto, Virgulino era um bandido sádico e fora da Lei que desprezava as forças policiais e qualquer autoridade governamental. Como poderia, então, convencer Lampião? Ele jamais conseguiria... A não ser que fosse um pedido do próprio *Padim Padi Ciço*.

Os registros históricos não permitem afirmar se Cícero participou ou não da elaboração do plano – nem se sabe, inclusive, se o Presidente Artur Bernardes concordaria, caso soubesse do plano, com todas as benesses que foram prometidas a Lampião.

O fato é que, na carta enviada por Floro ao Rei do Cangaço através do corrupto Coronel Manuel Pereira Lins, além da mensagem datilografada, constava a assinatura, manuscrita em tinta nanquim, de "Cícero Romão Batista". Além do apelo de Cícero – forte o suficiente para atrair Lampião à causa –, o convite oferecia vultuosa remuneração ao cangaceiro, além da patente de *Capitão do Batalhão Patriótico* caso ele concordasse em prosseguir a luta contra a Coluna Prestes.

Para o escritor e jornalista Lira Neto, biógrafo de Cícero, tudo naquela mensagem abraçava a vaidade de Lampião:

> "Era uma chance de ouro para que abandonasse de uma vez por todas a vida atribulada de fora da lei, argumentava a missiva, que também flertava com a decantada vaidade do cangaceiro. Se derrotasse Prestes, sugeria aquela sedutora folha de papel, Virgulino seria condecorado pelo governo federal e viria a ser cortejado como grande herói nacional. As perseguições policiais teriam fim. Ele receberia salvo--conduto para trafegar por todo o sertão, exibindo a todos o título de capitão Virgulino."[43]

Lampião já tinha sido fisgado pelo chamado quando Cícero e Floro descobriram que a Coluna Prestes enganara a todos com a notícia de uma rota falsa plantada pelos próprios comunistas; não pisariam, portanto, em Juazeiro do Norte... Não precisariam mais, portanto, de Lampião.

---

[43] NETO, Lira. op. cit., p. 469-470.

Floro deixou o problema para Cícero ao partir de Juazeiro: tomado pela sífilis e sofrendo dos mais variados sintomas, voltou para o Rio de Janeiro, onde morreu de angina em 8 de março do mesmo ano.

"CAPITÃO" VIRGULINO

Desde 1914, Cícero tentava se desvencilhar de qualquer ligação com cangaceiros. Em 1920, comprometeu-se com o Bispo em manter distância dos bandoleiros. O "Padre", que não sabia não ser mais padre, estava aflito naquele início de 1926: não havia mais contexto para o plano de Floro (já ausente e inválido) nem a mínima necessidade de se encontrar com Lampião.

A expectativa dessa reunião entre dois mitos nordestinos agitava todo o povo de Juazeiro do Norte – chegava a extasiá-los, porque, em respeito a Cícero, nenhum cangaceiro jamais ousou atacar qualquer cidade da região do Cariri – e, além disso, movimentava toda a imprensa do Estado e dos Estados vizinhos, o que fulminaria Cícero com as mais mordazes críticas pela recepção do mais notório e sádico criminoso do sertão. Ademais, o evento desgastaria a imagem de Cícero em dois círculos fundamentais para a manutenção do seu poder político, ou seja, seria péssimo perante a Igreja e poderia ser fatal para a sua credibilidade política tanto em Fortaleza, Capital cearense, quanto no Rio de Janeiro, Capital nacional... Afinal, com a exceção de Juazeiro do Norte, o poder costuma mudar de mãos nessas outras duas cidades.

Se o cangaceiro depositava fé cega e profundo temor reverencial ao padre, este, que nunca foi bobo, jamais arriscaria a mínima fé naquele psicopata que – com a exceção do imaculado rebanho de Cícero no Cariri – era mais temido que o próprio diabo por todo sertanejo. Ciente de que teria de cumprir com as promessas feitas em seu nome por Floro Bartolomeu, e diante da chegada de Lampião – coberto de ouro e seguido por um impressionante séquito de cangaceiros – em Juazeiro do Norte, Cícero executou um ardil: procurou o seu velho amigo Pedro de Albuquerque Uchôa que era, na ocasião, funcionário pouco relevante, um fiscal do Ministério da Agricultura. Valendo-se do mísero fato de o amigo ser um servidor federal, pediu a ele que concordasse em dizer a Virgulino Ferreira ter poderes para representar o Governo brasileiro e, assim, legitimar, com a sua assinatura, um documento sem nenhum valor legal, completamente fajuto, que outorgava ao cangaceiro a patente de *Capitão do Batalhão Patriótico*.

Testemunha ocular, o fotógrafo Lauro Cabral de Oliveira relata o acontecimento:

> "Eu não lembro bem do nome do camarada. Mas era em Juazeiro, era um fiscal federal, fiscal das rendas federais, que morava em Juazeiro, e era tido como autoridade federal, simplesmente por ser fiscal. Então ele lá metido lá com esse pessoal, inventaram lá de dar uma patente de capitão. Foi só assim uma coisa de brincadeira, e essa brincadeira pegou porque ficou todo mundo de chamá-lo de capitão. E ele convencido que tinha recebido do Governo Federal a patente

de capitão. Mas foi questão de uma brincadeira. Não foi nada sério não. Mas com ele ficou sério. Ele acreditou e todo mundo ficou de chamá-lo de capitão Virgulino."[44]

Relembrando o ardil, Pedro de Albuquerque Uchôa, anos mais tarde, confessou que, naquela hora, "assinava até a demissão do Presidente Arthur Bernardes, quanto mais a promoção de Lampeão."[45]

Foi o que aconteceu em 4 de março de 1926, quando também recebeu dinheiro prometido, uniformes, mosquetões, fuzis alemães *Mauser* e munição suficiente para ganhar uma guerra que nunca lutaria, mas que seria utilizada contra o povo do sertão e, principalmente, serviria para consolidar o seu reinado de crimes perversos e a sua mania de ostentação por mais longos e sangrentos doze anos. De fato, já em abril, retomou os seus assaltos com métodos ainda mais brutais: no fim desse mês e no começo de maio, nos vilarejos entre os Estados da Paraíba e de Pernambuco, o bando do cangaceiro, com aparato de cangaceiro oficial, fechou estradas, saqueou casas e estuprou, desgraçando com o sadismo habitual, meninas e mulheres solteiras e casadas.

---

[44] JASMIN, Élise. op. cit., p. 103.

[45] CAMARGO, Aspásia; FARIAS, Osvaldo Cordeiro de; GÓES, Walder de. *Meio Século de Combate*: diálogo com Cordeiro de Farias. Rio de Janeiro: Nova Fronteira, 1981, p. 93.

MALANDRO CANDIDATO
A MALANDRO FEDERAL

Nenhum recurso faltava a Lampião para ser Rei: além de mais dinheiro do que muitos Estados do nordeste brasileiro, ele – que chegou a rodar uma espécie de salvo-conduto nas localidades que eram tomadas por seu bando, um passaporte sertanejo ilustrado com a sua foto e a sua assinatura que garantia ao portador a permanência e o trânsito livres de qualquer assalto ou perversidade cangaceira no sertão – dispunha também de um exército treinado e armado até os dentes com pistolas *Parabellum* e *Browning*, sem contar os mosquetões e os fuzis alemães e americanos. A questão era encontrar um Estado pra chamar de seu.

Já no ano de 1926, o Rei do Cangaço escreveu uma carta endereçada a Júlio de Mello, que governava o Estado de Pernambuco, na qual propunha (ou ameaçava?):

"Senhor governador de Pernambuco, suas saudações com os seus. Faço-lhe esta devido a uma proposta que desejo fazer ao senhor para evitar guerra no sertão e acabar de vez com as brigas. Se o senhor estiver no acordo, devemos dividir os nossos territórios. Eu que sou capitão Virgolino Ferreira Lampeão, Governador do Sertão, fico governando esta zona de cá por inteiro, até as pontas dos trilhos em Rio Branco. E o senhor, do seu lado, governa do Rio Branco até a pancada do mar no Recife. Isso mesmo. Fica cada um no que é seu. Pois então é o que convém. Assim ficamos os dois em paz, nem o senhor manda seus macacos me emboscar, nem eu com os meninos atravessamos a extrema, cada um governando o que é seu sem haver questão. Faço esta por amor à Paz que eu tenho e para que não se diga que sou bandido, que não mereço. Aguardo a sua resposta e confio sempre. Capitão Virgolino Ferreira Lampeão, Governador do Sertão."[46]

Já bastante rico e popular em virtude das imagens do documentarista Benjamin Abrahão – cuja obra popularizou o personagem de um sertanejo nascido pobre e vítima das injustiças do sertão, mas forte, bravo e corajoso que, embora criminoso, era um justiceiro humano e cristão, além de intelectual e apreciador das artes, que amava a sua esposa como o último dos românticos e que cuidava não somente dos seus, mas também dos animais –, foi no início da década de 1930 que Lampião retomou as investidas nessa pretensão ainda mal sucedida. Muito dessa ambição se deve à sua extrema vaidade,

---

[46] BELIEL, Ricardo. *Memórias sangradas*: vida e morte nos tempos do cangaço. São Paulo: Olhares, 2021, p. 84.

potencializada depois da união com Maria, pois, assim como os coronéis e os figurões da política, era seu desejo ostentar a sua mulher com as pompas e os protocolos oficiais perante a sociedade, uma vez que colecionava amizades com todas essas figuras sempre destacadas com júbilo nas colunas sociais.

Muitíssimo mais municiado, enriquecido, envaidecido e – imaginava ele – há muito tempo oficializado, Lampião, em franca expansão territorial dos seus domínios, não tardou a cogitar, com coronéis e autoridades, sobre a criação de um Estado autônomo demarcado em território que abrangeria áreas de quatro Estados brasileiros, a saber: Bahia, Sergipe, Alagoas e Pernambuco.

Tal delírio do cangaceiro sobre uma soberania imperial sua nessa região foi relatado pela ex-cangaceira Joana Gomes, a Moça. A viúva dos cangaceiros Cirilo e Jacaré estava presa na cadeia de Mata Grande, no Estado de Alagoas, quando concedeu entrevista ao *Jornal do Brasil*, em abril de 1937.[47]

Deveras temido e defendido por coronéis e agricultores, Lampião tinha, nas mãos, soldados desses quatro Estados com os quais adquiria armas e munições e para os quais seria um patrão mais generoso do que os seus governadores, já que os seus cangaceiros eram mais bem remunerados; sem contar o fato dos altos oficiais envolvidos com o pretenso capitão em esquemas de desvio de verbas públicas.

---

[47] LAMPEÃO quer fundar um Estado composto de pedações de Alagoas, Sergipe, Pernambuco e Baía. *Jornal do Brasil*, Rio de Janeiro, edição 86, ano XLVII, p. 11, 14 abr. 1937.

MALANDRO COM RETRATO
NA COLUNA SOCIAL

"Não me esqueço da primeira impressão que Lampião me deu: a de um homem tão sujo que dava nojo."[48] Essa é a lembrança relatada por Velho Ângelo na penitenciária de Salvador, em março de 1944. Ele entrou para o bando nos idos de 1928, quando o já "Capitão" estava na Fazenda Arrasta-Pé, localizada na margem baiana do Rio São Francisco. Ângelo foi alcunhado de Velho porque era, certamente, o mais velho dos cangaceiros de Virgulino. Em 1928, Ângelo tinha 33 anos de idade – Lampião, com 30, era mais novo. A primeira impressão do Velho Ângelo, contudo, remete à imagem de Lampião na sua intimidade. Aos olhos do público, e especialmente depois de Maria Bonita, sua aparência sempre foi pensada nos mínimos detalhes.

Alto para os padrões do tempo, Virgulino foi um homem de 1,74 metros. Quadris estreitos e pernas finas, Lampião tinha musculatura pouca – mas rija. Pele crestada pelo sol impiedoso

---

[48] SILVEIRA, Joel. op. cit., p. 134.

e com ondulados cabelos de graúna cheios da brilhantina mais cara do mercado que tocavam os ombros largos sob o pescoço – sempre envolto com um lenço de seda pura inglesa ou tafetá francês (tecidos necessariamente dessas nacionalidades) – exageradamente perfumado com *Fleurs d'Amour*, clássico *eau de parfum* feminino fabricado pela *maison* parisiense *Roger & Gallet* desde 1902 – com notas de topo que, ainda hoje, mesclam bergamota, laranja, gerânio, gálbano e limão aos aldeídos, enquanto as notas centrais são violeta, mel, cravo, *ylang-ylang*, jasmim, flor-de-laranjeira, lírio-do-vale, lírio, rosa e, por fim, com notas de fundo *opoponax*, civeta, musgo-de-carvalho, sândalo, almíscar, vetiver, fava-tonka, patchouli, benjoim, âmbar-cinza e baunilha.

Sob o tesouro cada vez maior que carregava junto ao corpo – ao lado das joias (em especial, os anéis de ouro cravejados com esmeralda, rubi e solitários que usava em cada um dos dez dedos), bem como dos equipamentos e das armas –, Lampião contava sempre com o melhor armamento disponível (melhor do que de qualquer polícia local). Seus apetrechos podiam estar carregados de pedras e de metais preciosos (até a sua tesoura de cortar charuto era feita de ouro puro), mas destacavam-se os trajes de coloração exclusiva, com botões de ouro desse soberano, e um chapéu de couro de veado que deixava à mostra a testa cingida por moedas brasileiras de 1776, 1802 e 1885, com quatro centímetros de diâmetro cada, todas elas dispostas entre duas moedas de Libra Esterlina inglesa ladeadas por dois escudos com a inscrição *Deus te guie*; tudo isso especialmente forjado em ouro 22 quilates.

Lampião, que tinha cartões de visita e também postais com a sua fotografia no anverso, não era dado à cachaça: mandava vir da Inglaterra o uísque *White Horse*, bem como o seu preferido *Old Tom Gin*. De Portugal, não dispensava o *brandy Macieria* e, da França, o licor de menta *Marie Brizard*. Em meio à miséria do povo, Virgulino fazia miséria ao ostentar armas automáticas, *flashlights*, binóculos e óculos de alcance feitos com lente alemã *Weiss*, sua máquina de costurar *Singer* (e ninguém operava uma máquina de costura melhor do que Lampião), além de máquina de escrever, gramofone de corneta, entre outras *preciosidades*.

Dando-se conta da influência da imprensa, procurava saber sobre tudo o que se escrevia sobre ele nos jornais e também patrocinava – quando não ameaçava de morte – jornalistas para que escrevessem, com boas doses de pompa e circunstância, a seu respeito. Concomitante e instintivamente, tal qual os líderes fascistas, era bastante criterioso com qualquer registro visual seu: riqueza e poder deveriam, sem exceção, sobressair em todas as imagens capturadas.

Por falar em fascistas, Lampião atraía não somente o interesse dos comunistas da União das Repúblicas Socialistas Soviéticas, como chamou, também, a atenção da Alemanha então comandada por Adolf Hitler: em 1935, duas empresas gigantes pelo forte incentivo da planificação econômica nazista, a farmacêutica Bayer e uma das maiores indústrias de ótica em nível mundial, a Zeiss, investiram no bando de Lampião e, fitando maior popularidade e mais vendas no Brasil, fizeram de Virgulino, sua mulher Maria de Déa, Corisco e Dadá (a outrora menina Sérgia) seus garotos-propaganda. Aliás, a Bayer fez fotos e fotogramas de Lampião distribuindo Cafiaspirina aos seus cangaceiros. "Se é Bayer, é bom", dizia, junto do *slogan* da farmacêutica, a tarja na extremidade inferior do cartaz com essa cena.

Adorador do cinema e assíduo leitor dos folhetos de cordel, dos jornais, dos livros e das revistas, Lampião exigia de seus prepostos "responsáveis" por lidar com jornalistas – e essa preocupação acabava sendo também dos coronéis amigos (quero dizer, clientes) – a mesma postura com escritores e poetas do cordel que, por dinheiro ou por medo – afinal, tudo chegaria ao conhecimento cangaceiro mais temido do sertão –, produziram verdadeira obra de celebração do heroísmo e de exaltação da sua vida.

Em 1934, o promotor de justiça de Alagoas Manuel Candido Carneiro da Silva, que acabara de escrever o livro *Factores do Cangaço*, que narra as atrocidades de Lampião, viajava com outras autoridades, entre Buíque (Pernambuco) e Água Branca (Alagoas), em um caminhão que foi interceptado pelo bando do Rei do Cangaço. Ao descobrir que o autor do livro estava entre os passageiros, Virgulino mais oito cangaceiros e três mulheres – inclusive sua mulher, Maria de Déa – mandou que ele descesse e o acompanhasse para uma conversa na mata, perto de um riacho. Assim, deu ao promotor duas opções: ou comia página por página do livro ou se deixaria sangrar. Para a sorte de Manuel, Maria de Déa pediu para que ele lesse o livro em voz alta para a plateia e, assim, uma vez que o livro narrava as vitórias do bando sobre os *macacos* (os policiais), foi liberado.

O principal agente para a popularização do mito de Lampião foi, sem dúvida, Benjamin Abrahão, que documentou a intimidade do bando através das lentes das suas câmeras filmadora e fotográfica. Foi a gravadora de imagens em 35mm, entretanto, que arrebatou Lampião transformando-o em uma espécie de diretor e produtor cinematográfico, além de rígido preparador de um elenco chucro que, por isso, era submetido a exaustivos ensaios – mesmo que inglórios.

As imagens e cenas captadas por Abrahão se espalharam pela imprensa nacional e internacional popularizando um mito pronto para a colagem da narrativa artificial comunista que, oportunamente, seria bem recebida tanto por Lampião quanto por todos os cangaceiros do seu bando, qual seja: a justificativa da opção pela vida criminosa como forma de justiça ou vingança, bem como de combate à exploração e aos abusos praticados por autoridades e coronéis – justificativa essa que permeia, por exemplo, os argumentos dos cangaceiros presos e entrevistados por Joel Silveira, em 1944, na Penitenciária de Salvador, na Bahia.[49]

Articulistas do Rio de Janeiro, certamente intelectuais marxistas, de certa forma já exaltavam a narrativa nos principais jornais da capital nacional. Como não era possível desafiar Vargas nas páginas dos jornais, Lampião continuou a ser tratado como bandido, mas um bandido surgido da miséria e do abandono intelectual da população nordestina. Um bandido que existe pela falta de democracia e pelo descaso do Governo.

---

[49] SILVEIRA, Joel. op. cit., p. 133-139.

É o que se nota no artigo assinado por "F." publicado no *Jornal do Brasil*, em 17 de abril de 1937:

> "O jagunço Virgolino (...) depois de uma longa e acidentada carreira profissional, resolveu estilisar suas conquistas, dar um novo sentimento ao seu genio político e vai fundar um Estado, que se incravará no nordeste, constituído pelos trechos limítrofes de Pernambuco, Alagoas, Sergipe e Baía.
>
> Fatigado de tanta aventura, enfastiado do nomadismo, velho e cansado, êle pretende, com um inesperado espírito de renuncia, ceder ao Brasil a maior parte dos seus extensos feudos, fixando-se em um pequeno domínio remoto e aspero, que conta governador pelo resto da vida.
>
> Escolheu como area do seu imperio, a região inacessivel do alto sertão, onde não chega a ação dos governos e que é, por assim dizer, *res nullius*.
>
> (...)
>
> Lampeão é um autentico produto do seu meio (...).
>
> Êle é bravo, violento e astucioso e possue todas as virtudes de um conquistador. É um perseguido que se defende, um reformador incompreendido, que distribue premios e castigos e expropria os ricos em proveito dos pobres.
>
> É sob este aspecto que êle é julgado por sua grei, cuja mentalidade está ao nível das hordas mais incultas dos tempos bárbaros.

Os governos pensam que, quando puderem mata-lo ou incarcera-lo, terão cumprido o seu dever e resolvido o problema do cangaço.

(...)

A existência de Lampeões é o operoso da democracia e a condenação dos seus dirigentes."[50]

Lampião não gostava nem de pobres nem de pretos. Nos momentos de lazer, sempre esteve rodeado de autoridades, coronéis e ricos empresários conservadores. A título de ilustração, tomou a imprensa baiana a notícia do encontro entre Lampião e João Sá, deputado estadual em Salvador, e também foram destacados o almoço com um delegado, os passeios em um *Ford T* e as farras regadas a cachaça e cerveja.[51]

Tudo isso, ao lado da campanha idealista de Prestes, construiu o mito de Lampião, cuja riqueza ostentada fazia brilhar os olhos de crianças e jovens que, sem educação formal e sem expectativa de subir na vida, viam no cangaço o seu futuro – transformando, assim, o cangaço em projeto de vida, um fenômeno que, hoje, se repete nas áreas brasileiras dominadas pelo narcotráfico.

---

[50] F. O Imperio de Lampeão. *Jornal do Brasil*, Rio de Janeiro, edição 89, ano XLVII, p. 12, 17 abr. 1937.

[51] NEGREIROS, Adriana. *Maria Bonita*: sexo, violência e mulheres no cangaço. Rio de Janeiro: Objetiva, 2018, p. 38.

REPENTE OSTENTAÇÃO

Lampião se interessava por qualquer coisa escrita sobre ele. Decorre disso que, patrocinados por coronéis que desejavam a amizade do bandido ou por medo de perderem a vida – e, mais tarde, embalados pelo mito que restou após a morte do cangaceiro –, foram muitos os poetas de cordel que atribuíram e ressaltaram o heroísmo desse cangaceiro sem nenhum caráter em um esforço de obnubilar a realidade histórica e, assim, criar uma ideia sob medida de Lampião no imaginário coletivo. Mais do que um herói, vendeu-se a narrativa de que Lampião era um Homem da Providência.

Somadas ao fato público e notório da incalculável riqueza de Lampião – uma riqueza inacessível até mesmo para as autoridades e para muitos fazendeiros nordestinos – que ele carregava, em parte, nas suas vestimentas, nos dedos e também em todos os assessórios, essas narrativas, quando cantadas pelos repentistas, fazia crescer em todas as crianças pobres sertanejas não somente a admiração pela figura do cangaceiro, mas sobretudo o desejo de ingressarem no cangaço e, sonho dos sonhos, serem como Lampião.

Outra coisa não se poderia esperar dessas crianças pobres e analfabetas, carentes de saúde e de exemplos, acostumadas com a fome e com a seca, abusadas pela família e pelas autoridades... Enfim, crianças e jovens sem nenhuma expectativa na vida a não ser a de sobreviver a uma vida mais temida do que a morte, pois, nas palavras de Graciliano Ramos, "o caboclo apanha bordoada sempre: apanha do pai, da mãe, dos tios, dos irmãos mais velhos; apanha do proprietário, que lhe toma a casa e abre a cerca da roça para lhe raspa o osso da canela a punhal e lhe deita espeques nas pálpebras para ver a mulher, a filha e a irmã serem poluídas. E se um inimigo vai à rua e o acusa, o delegado manda prendê-lo e ele aguenta uma surra de facão no corpo da guarda, outra de cipó de boi no xadrez, aplicada pelo preso mais antigo, que recebe os quinhentos réis do torno e é o juiz da cadeia."[52]

Esse fenômeno se repete, ainda hoje, com muitas crianças e jovens em situações similares nos morros cariocas e em muitas outras regiões paupérrimas abandonadas pelo Estado brasileiro: seus olhos brilham diante dos grossos colares de ouro dos chefes do tráfico de drogas que ornamentam as roupas mais cobiçadas e inacessíveis para eles. Muitos deles querem esses bens, que são exaltados nas atuais letras do *rap* e do *funk ostentação* e que os seduzem, assim, para o exército do narcotráfico.

Nesse sentido, a inventiva estética do *rap* e do *funk ostentação* nada mais é, portanto, do que uma versão mais moderna e mais vulgar daquela estética impressa nos repentes que louvavam Lampião e provocavam fascínio das crianças e dos jovens sertanejos – aliás, na falta de crianças para a prática de crimes mais leves, os cangaceiros costumavam sequestrar meninos com essa finalidade.

---

[52] RAMOS, Graciliano. *Cangaços*. Rio de Janeiro: Record, 2014, p. 43.

Nascido e criado na pobríssima Exu, do mesmo Estado em que nasceu Virgulino, Pernambuco, o jovem Luiz Gonzaga do Nascimento, o futuro Rei do Baião, foi seduzido por essas estéticas hagiográfica e ostentatória impressas na poesia de cordel e nas imagens de Lampião na imprensa. Décadas mais tarde, artista já consagrado no panteão da música brasileira, em entrevista histórica concedida a Antonio Augusto Amaral de Carvalho (Tuta) e Nilson Travesso, na Rádio Jovem Pan, Gonzagão rememorou o seu fascínio por Lampião desde criança:

"Eu cheguei a apanhar por causa dele. Porque eu tinha mania por Lampeão. Uma loucura. Quando eu via um retrato de Lampeão no jornal: Oh mãe, olha ele aqui! Olha que homem bonito. Diz que ele toca fole, ó mãe!"[53]

O Rei do Baião, desde sempre, apresentava-se nos palcos com indumentária inspirada no Rei do Cangaço: sandália de couro (chamada de *cobertão*), colete estilizado e o mesmo chapéu de abas de couro – no chapéu, contudo, não ostentava moedas de ouro como fazia Lampião, mas estampava estrelas em suas abas.

---

[53] BELIEL, Ricardo. op. cit., p. 125-126.

PSYCHO KILLER

V irgulino Ferreira da Silva, o Lampião, era um psicopata?

Antes de qualquer resposta, é necessário oferecer ao Leitor uma compreensão sólida sobre **psicopatia**, pois, apesar da grande discussão cada vez mais difundida e vulgarizada, a incompreensão desse transtorno de personalidade e a sua inexata apresentação como transtorno ou doença mental colaboram para que nunca cheguemos a uma resposta séria.

Na história, a psicopatia já foi chamada de *mania sem delírio*, *doença moral*, *condutopatia* e *sociopatia*. A nomenclatura é irrelevante e, de acordo com o antigo Professor de Psiquiatria e Neurologia da Universidade de Georgia, Hervey Cleckley – o primeiro cientista a elaborar, em 1941, uma descrição e apresentar à comunidade científica uma sistematização ampla e minimamente sólida da psicopatia –, a discussão sobre o psicopata sempre padece de uma confusão generalizada.[54]

O psicopata não é um doente; ele não rompe com a realidade, mas ocupa um interregno entre a loucura e a normalidade (que deve ser entendida dentro do conceito do dever imposto pela personalidade, o qual apresentarei na sequência). Sua causa é desconhecida e inexiste cura ou qualquer tratamento minimamente eficiente – aliás, submeter um psicopata à terapia é a hipótese menos indicada, uma vez que, nas sessões, ele vai requintar a sua máscara social, ou seja, vai aprender métodos ainda mais eficazes para enganar e prejudicar pessoas.

Particularmente, trato a psicopatia através de um termo sinônimo que criei para minha tese de Livre-Docência em Direito: *antipersonalidade*. Em resumo, **falar em psicopatia é falar em *antipersonalidade*** – e, nesse sentido, é imperioso que o Leitor compreenda o correto significado de personalidade, conceito este que une as ciências do Direito e da Psiquiatria, mas que é mal compreendido, inclusive, por muitos juristas e psiquiatras.

Para a compreensão do significado de personalidade, tomo a liberdade de recorrer ao meu último livro, *Declaração Universal dos Direitos da Pessoa Humana Fora do Armário*, e, assim, sintetizar o capítulo intitulado "pessoa•humana".[55]

---

[54] CLECKLEY, Hervey. *Te mask of sanity*: an attempt to clarify some issues about the so-called Psychopatic Personality. 2. ed. St. Louis: The C. V. Mosby Company, 1950, p. 262.

[55] PAVINATTO, Tiago. *Declaração Universal dos Direitos da Pessoa Humana Fora do Armário*. São Paulo: Edições 70, 2022, p. 41-51.

Pessoa e ser humano não são sinônimos. O ser humano não é titular de direito nenhum na natureza (no ambiente natural). Somente a pessoa pode, propriamente, ter direitos fundamentais. Portanto, ao ser humano, somente se atribuem esses direitos a partir do reconhecimento da sua personalidade (atributo que faz do ser humano pessoa humana).

Pessoa é palavra que vem do latim, *persona*, que, por sua vez, se origina do vocábulo grego πρόσωπον (*prosōpon*). *Prosōpon*, cumpre salientar, nunca foi usado para se referir ao ser humano [que é representado pela palavra ἄνθρωπος (*anthrōpos*)], uma vez que, em sua origem, *prosōpon* significa *pessoa divina* (um pleonasmo meramente elucidativo, pois dizer pessoa é dizer *divindade, deus*) e deriva do etrusco VƧЯƎΦ (lê-se, da direita para a esquerda, *phersu*), a máscara usada pelos homens em cerimônias de veneração selvagem e nas quais vestiam pele de fera e manto de herói. Por fim, *phersu* encontra seu ancestral mais remoto no sânscrito पुरुष (*puruṣa*): mais de 2 mil anos antes dos etruscos, os *Ārya* (*homens nobres* – termo com o qual os védicos, quer dizer, os habitantes do atual norte indiano, se autodenominavam há mais de 5.500 anos) chamavam tanto os criadores do primeiro deus (os sete *ṛṣi*, os sopros vitais divinos) quanto este deus criado e criador de todas as criaturas deste mundo (*Prajāpati*) de *pessoas*.

Logo, um ser humano não pode ser, por definição, uma pessoa. A confusão entre os dois termos somente foi possível a partir dos princípios filosóficos, antropológicos e sociológicos do cristianismo, cuja teologia dotou de conteúdo transcendental o ser humano e o elevou à categoria de pessoa, ou seja, de uma divindade. O ser humano passa, a partir dessa concepção, portanto, a merecer o respeito da pessoa, porque a filosofia cristã reconhece a sua personalidade.

Em outras palavras, se Deus é a pessoa e se Ele é a substância primeira e universal, pessoa e substância se confundem. Através do Mistério da Santíssima Trindade – no qual, em um só Deus, há diferentes pessoas –, especialmente quando Deus se faz homem, comunica-se à humanidade que a pessoa está contida no ser humano através da substância da personalidade. Por isso, é o cristianismo que permite ao ser humano participar da pessoa em pé de igualdade (o que nunca ocorreu no hinduísmo nem em qualquer outra filosofia religiosa na História), que é outra forma de dizer *participar do próprio Deus* (que participa, portanto, de cada ser humano igualmente). Isso implica o sentido de que todos os homens são, juntos, a verdade de Deus e, particularmente, deuses verdadeiros.

Se Deus é indescritível e indefinível (mas é a Razão de tudo), para que possamos afirmar a nossa racionalidade em razão da personalidade que nos é reconhecida, é inescapável reconhecer que esse Deus ou essa Razão ainda existem e continuarão a existir mesmo que desconhecidas em sua inteireza, apenas e tão somente mediante a abstenção de ações que sejam contrárias a essa existência, de forma que:

(*a*) se Deus só age no interesse de Deus (porque não existe outro interesse);

(*b*) se Deus é a pessoa;

(*c*) a pessoa, assim, só age no interesse da pessoa;

(*d*) logo, a pessoa que age contra a pessoa não demonstra a substância da personalidade.

Em outros termos, o indivíduo que age, sem motivo, em desfavor de qualquer pessoa exclui a si mesmo da condição de pessoa – condição que é compartilhada entre todos os seres humanos – pois, se toda ação de Deus (pessoa) é no interesse de Deus, toda ação da pessoa (indivíduo no gozo da substância divina) deve ser no interesse da pessoa – e o interesse da pessoa engloba todos os interesses racionais (nenhum pode ser, simplesmente, contra a pessoa racional) de todas as pessoas. Trata-se de um grande desafio para a humanidade, pois, ao passo que Deus é racional por ser a Razão, o ser humano, para que seja reconhecido como pessoa, deve ser racional mesmo desconhecendo, na integralidade, a Razão.

Portanto, **a racionalidade humana consiste em**: (*i*) assumir o desconhecimento da Razão última (o que não implica em aceitar a irracionalidade), (*ii*) reconhecer as razões de todas as pessoas e, assim, (*iii*) expressar tais aceitação e reconhecimento em todas as relações interpessoais.

Uma vez que a racionalidade humana é produto da personalidade – que, por sua vez, é pressuposta a todos os seres humanos –, posso definir a **personalidade**, de forma bastante resumida, **como a expectativa do cumprimento ininterrupto de um dever divino (um dever moral que é transcendental e, por isso, inquestionável) e universal, que consiste em transcender a minha individualidade empírica e sentir, em mim, o outro;**

de maneira que a vida de todos os outros é, de fato, também a minha própria vida.

É por tudo isso que eu insisto em reafirmar a psicopatia como *antipersonalidade*. Afinal, um sujeito psicopata é incapaz de, naturalmente, transcender a sua individualidade e de sentir, em si, o outro. É, além disso, absolutamente incapaz de sentir empatia por qualquer outra pessoa – muito embora possa fingir e convencer a todos sobre esse sentimento. Ademais, essa **concepção enxuta da psicopatia como *antipersonalidade*** vai ao encontro do entendimento da Psiquiatria mais avançada, que analisa o tema no campo das condutas não convencionais e prejudiciais que, por não decorrerem de nenhuma enfermidade ou deficiência, são classificadas como *Transtornos de Personalidade*.

Na sua 5ª edição, o *Manual Diagnóstico e Estatístico de Transtornos Mentais* (DSM-5), bíblia mundial da Psiquiatria elaborada pela *American Psychiatric Association*, apresenta o transtorno de personalidade dentro de um campo de pesquisa em constante evolução, como "um padrão persistente de experiência interna e comportamento que se desvia acentuadamente das expectativas da cultura do indivíduo" de maneira difusa e inflexível.[56] Atualmente, o DSM-5 trata de doze tipos de transtorno de personalidade; deles, o psicopata apresenta, necessariamente, o chamado *transtorno de personalidade antissocial*, que "é um padrão de desrespeito e violação dos direitos dos outros"[57],

---

[56] AMERICAN PSYCHIATRIC ASSOCIATION. *Manual Diagnóstico e Estatístico de Transtornos Mentais.* 5. ed. Trad. Maria Inês Corrêa Nascimento *et al.* Porto Alegre: Artmed, 2014, p. 645.

[57] Idem, ibidem, loc. cit.

que geralmente é combinado a outros tipos de transtornos, como, por exemplo, o da *personalidade histriônica* e o *narcisista*.

No Brasil, uma das maiores autoridades em tratamento de perfis criminais é o meu caro amigo, o Doutor Christian Costa. Ao longo do últimos anos, o Professor vem desenvolvendo uma inovadora tecnologia que tem se revelado cada vez mais valiosa para a investigação criminal. Em apertada síntese, a sua técnica é capaz de alertar para eventual insanidade, sanidade ou transtorno de personalidade dos suspeitos já a partir dos elementos da cena do crime – confesso ao Leitor que, tendo eu conhecido o método em aplicação virtual, a impressionante base de dados e o eficiente cruzamento entre fatos e modelos científicos poderão, se adotados pelas Polícias brasileiras, proteger a sociedade dos criminosos mais impiedosos.

Em sua obra *Se o mal tivesse um nome*, o Professor Costa nos ensina que

> "psicopatas são resultado de nossa herança evolutiva e genética, lembrando ainda, que essa herança evolutiva é permeada de dois gigantes interiores, o altruísmo e a agressividade humana. Também, cabe nesse momento afirmar que nem todos os atos históricos relacionados a guerras e matanças, seja uma atribuição especifica de psicopatas. O que minha argumentação sugere é que estes indivíduos se utilizaram de brechas institucionais para manterem seus comportamentos erráticos para poder sobreviver."[58]

---

[58] COSTA, Christian. *Se o mal tivesse um nome.* São Paulo: CECRIM, 2018, p. 11.

A observação final do Professor é de maior relevância quando se pretende analisar fatos históricos, como o cangaço no início do século XX, haja vista que o recurso à violência estava enraizado na tradição sertaneja na qual Lampião e seus cangaceiros estiveram inseridos do berço ao túmulo, circunstância tradicional histórica que, em acréscimo, era potencializada por uma produção cultural regional que, via de regra – seja na literatura de cordel seja nas canções de gesta –, embaralhava violência e heroísmo.

Nas aulas presenciais, o Professor Costa oferece uma lista com 20 condutas que, quanto mais presentes no perfil de comportamento do sujeito analisado, permitem concluir se estamos, ou não, diante da devastadora figura de um psicopata. São elas:

1) Charme superficial ou loquacidade;
2) Superestima;
3) Necessidade de estimulação e tendência ao tédio;
4) Mentira patológica;
5) Vigarice ou manipulação;
6) Ausência de remorso ou culpa;
7) Insensibilidade afetivo-emocional;
8) Indiferença e falta de empatia;
9) Estilo de vida parasitário;
10) Descontroles comportamentais;
11) Promiscuidade sexual;
12) Distúrbios de conduta na infância;
13) Ausência de metas realistas em longo prazo;
14) Impulsividade;

15) Irresponsabilidade;
16) Fracasso em aceitar responsabilidade pelas próprias ações;
17) Muitas relações maritais de curta duração;
18) Delinquência juvenil;
19) Revogação da liberdade criminal; e
20) Versatilidade criminal.

Virgulino nunca foi examinado sob a ótica moderna da Psiquiatria – nunca fez terapia e foi decapitado há 85 anos. Entretanto, com base no arcabouço de testemunhos e relatos das suas vítimas e de seus comparsas registrados em primeira mão nos diversos livros e teses a que tive acesso, bem como no vasto material de notícias e de estudos publicados na época, não é exagero concluir que ele apresenta 19 das 20 condutas típicas de um psicopata – e que Virgulino, portanto, foi um psicopata.

O psicólogo canadense Robert D. Hare é, na atualidade, o mais renomado pesquisador da psicopatia. Seu trabalho é geralmente considerado uma continuação de sucesso do trabalho iniciado por Cleckley, em 1941, uma vez que Hare conseguiu demonstrar muitas das abstrações conceituais de Cleckley através de elementos objetivos mensuráveis e quantificáveis estatisticamente. A breve definição esboçada por Hare acerca dos psicopatas veste, sob medida, a figura de Lampião:

"Os psicopatas são predadores sociais que conquistam, manipulam e abrem caminho na vida cruelmente, deixando um longo rastro de corações partidos, expectativas frustradas e carteiras vazias. Sem nenhuma consciência ou sentimento, tomam tudo o que querem do modo mais egoísta, fazem o que têm vontade, violam as normas e expectativas sociais sem a menor culpa ou arrependimento. Suas vítimas, desnorteadas, perguntam em desespero: 'Quem são essas pessoas?', 'Por que elas são assim?', 'Como podemos nos proteger?'"[59]

Ao contrário dos psicóticos, os psicopatas não são pessoas desorientadas ou que perderam o contato com a realidade; são plenamente conscientes do que estão fazendo e do porquê agem assim. O comportamento deles não imprime ilusões, alucinações nem a angústia subjetiva intensa, característica da maioria dos transtornos mentais. Em suma, a ação do psicopata é resultado de uma escolha exercida livremente.[60] O perfil psicopata revela-se através de sintomas-chave que podem ser observados em alguns comportamentos, como, a título de exemplo dentre muitos outros, eloquência a despeito da superficialidade, egocentrismo e grandiosidade; ou seja: a vaidade das vaidades.

Administrador intuitivo e empírico, líder impiedoso, bandido sádico em todas as modalidades de crime, Lampião era extremamente vaidoso, já que gostava de ostentar sua riqueza e seus lampejos de requinte social, além de ser um exímio

---

[59] HARE, Robert D. *Sem consciência:* o mundo perturbador dos psicopatas que vivem entre nós. Trad. Denise Regina de Sales. Porto Alegre: Artmed, 2013, p. XI.
[60] Idem, ibidem, p. 38.

dançarino, mestre no bordado e no manuseio da sua máquina de costura *Singer*.

Uma vez que tratei, no capítulo anterior, do narcisismo indisfarçado e da vaidade extrema do Rei do Cangaço, volto a atenção para outros aspectos que marcaram a sua personalidade e, conjuntamente, também evidenciam o perfil de um psicopata.

Ao lado do **narcisismo**, as ações de Lampião revelam outro aspecto marcado pela mesma intensidade, pelo mesmo extremismo: o **sadismo**. Psicopatas têm extrema dificuldade de formar imagens mentais das consequências de seu comportamento.[61] Tanto os homens quanto as mulheres psicopatas têm maior propensão à violência e à agressividade do que todos os outros indivíduos. O trabalho de Hare comprova que a quantidade de atos violentos e agressivos cometidos pelos psicopatas, dentro ou fora da prisão, supera em mais de duas vezes o número dos demais criminosos.[62] Além disso, analisando os atos de violência por eles praticados, os psicopatas tendem a ser frios e insensíveis,[63] ou seja, os psicopatas tendem a ser sádicos.

O sadismo é característica inquestionável de Lampião. Ao lado do sadismo registrado nos estupros coletivos, um evento ocorrido no ano de 1934 na cidade sergipana de Porto da Folha é, da mesma forma, bastante ilustrativo dessa *forma* de conduta. Acontecia, ali, a popular *Folia de Reis*. Virgulino, Maria de Déa e os outros cangaceiros chegaram logo no início da noite.

---

[61] Idem, ibidem, p. 90.
[62] Idem, ibidem, p. 100.
[63] Idem, ibidem, p. 103.

Lampião não permitiu que a festa terminasse e, com o sol raiando, mandou o grupo de artistas refazer o espetáculo. Tomados pelo medo, mesmo que exaustos, obedeceram aos bandidos. Cordão de Ouro, um dos cangaceiros ao lado de Lampião, queixou-se do jovem ator que fez o papel de um boi: era magro demais e, para que fosse convincente, melhor seria que engordasse. Lampião lembrou ao capanga do método utilizado para a engorda de bois. Dada a dica pelo chefe, Cordão de Ouro saiu do seu lugar e rendeu o rapaz franzino que, com as calças já rasgadas, teve os testículos cortados.

Em todos os crimes cometidos contra pessoas humildes e desarmadas, a humilhação animalesca das vítimas sempre foi a tônica do bando. Até mesmo em momentos de lazer: nos bailes, o bando de Lampião usualmente mandava que todos dançassem completamente nus ou, caso não obedecessem, seriam mortos. Nesses festejos dançantes, Lampião chegava a separar os casais que, pelados, desagradavam a sua paisagem – isso quando não se divertia com a "brincadeira" do *castiçal*, que consistia em escolher algum homem – preferencialmente algum policial – para que ficasse de quatro e, introjetada uma vela em seu ânus, aguentasse-a queimar até o fim.

Outra modalidade criada pelo gênio doentio de Lampião consistia em prender à chave, em uma gaveta, o saco escrotal da vítima, deixar à sua disposição uma peixeira e atear fogo no recinto... E, assim, apostar com os seus cabras: a vítima morreria queimada, presa, ou, castrando-se, sairia do local em chamas correndo?

Ao lado da humilhação, como se constata, a bestialidade salta aos olhos e, literalmente, fez saltar o olho de Manoel

Salinas, cujo assassinato foi testemunhado pelo filho caçula Tributino: primeiro, Lampião matou os filhos mais velhos na frente do pai e, depois, torturou o pai até a morte.

> "Cortou-lhe as orelhas, arrancou-lhe um olho, extraiu-lhe os testículos e extirpou os lábios, deixando os dentes à mostra. Depois, pediu aos cabras que o acompanhavam para destruir a dentadura do homem a coronhadas. (...) Com sangue espalhado por todo o corpo, a figura sinistra de Salinas – sem lábios, sem dentes, sem orelhas e com um olho vazado – foi colocada no lombo de um cavalo e levada até uma propriedade vizinha, onde morava Ulisses, seu filho de 23 anos, recém-casado e pai de uma menina de dois meses. O rapaz foi executado com dois tiros, diante da esposa, que foi obrigada ainda a presenciar a morte do sogro, cujo sofrimento foi finalmente encerrado com um golpe de punhal desferido pelo cabra Quixabeira. Maria Rosa do Espírito Santo Brito, esposa de Salinas, bem como a mulher de Ulisses, tiveram suas vidas poupadas 'para contar a história', segundo lhes teria dito Virgulino."[64]

Além do **narcisismo** e do **sadismo**, outro traço de personalidade de Lampião é a **covardia** característica do **instinto de predador**.

Christian Costa assevera que os psicopatas "são predadores humanos que vivem na 'escuridão' de uma sociedade ainda

---

[64] NEGREIROS, Adriana. op. cit., p. 116.

jovem."⁶⁵ São predadores sádicos que, por se importarem somente consigo, não se arriscam a jogar um jogo em que poderiam perder e, assim, prejudicam quem é mais fraco e incapaz de se defender à altura.

Nesse quesito, não há diferenciação entre Lampião, Corisco, Zé Baiano, Sabino e, provavelmente, todos os outros cangaceiros do bando. Longe de heróis, porque vitimavam com crueldade e sadismo tão somente as vítimas da vida no sertão, eram abjetos homens perversos e doentios liderados por um psicopata. E essa é a única imagem que emerge de forma cristalina dos relatos dos milhares de sertanejos pobres e remediados dos sete Estados assombrados pela quadrilha de Lampião que, por onde passou, deixou um rastro de dor, luto, revolta, ódio, desespero, angústia, destruição, fome e tristeza.

Jamais humilhou um coronel poderoso da maneira que humilhava os miseráveis e trabalhadores. Em Santo Antônio da Glória, por exemplo, os poderosos contratantes – e também o próprio Lampião – não admitiam a construção da estrada que ligaria a cidade a Juazeiro do Norte – pois essa melhoria, para todo o povo, implicaria em prejuízos significativos na lucrativa exploração desse mesmo povo pelos donos do poder local. Assim, depois de ter exigido que nenhum homem trabalhasse nessa obra, diante do insucesso da sua advertência – afinal, a outra única opção que restava aos homens de Santo Antônio da Glória que não pegassem esse trabalho era morrer de fome (mas isso não era problema de Lampião) –, Virgulino matou nove

---

[65] COSTA, Christian. op. cit., p. 75.

trabalhadores e renovou o aviso: voltaria pra executar quem ocupasse o lugar dos assassinados.

Se existiu, em algum momento da história do cangaço, um código de honra, o cangaço foi desonrado por Lampião em benefício próprio. Todos os registros e testemunhos diretos atestam o apagão temporário da sua mitológica valentia entoada nos cordéis e superdimensionada nos boatos diante de qualquer inimigo em posição superior. A degradação desumana estava reservada aos desarmados e pacíficos, dos quais esse verdadeiro anticristo subtraía até mesmo o direito a um velório cristão.

Em 1944, na Penitenciária de Salvador, Joel Silveira perguntou ao cangaceiro Volta Seca, que ingressara no bando aos 12 ou 14 anos de idade (as informações são imprecisas), se Lampião era valente. O criminoso, então com 26 anos de idade, responde: "Homem, não sei. Rodeado de amigos bem armados e dispostos, todo mundo é valente... Nunca vi ele brigar sozinho, Lampião só andava rodeado, e assim qualquer trabalho é fácil."[66]

Quanto à valentia de Lampião, muito mais verossímil do que as loas do *repente ostentação* ao Rei do Cangaço seria a música de um outro pernambucano – que, nascido em Recife no ano de 1927, não conheceu Lampião e fez sucesso no Rio de Janeiro (para onde se mudou aos 15 anos de idade quando foi expulso da Marinha Mercante) muitos anos depois da decapitação do cangaceiro, que sequer é personagem alvo da canção –, Bezerra da Silva. Diz o Embaixador do Morro, no refrão de *Bicho Feroz*,

---

[66] SILVEIRA, Joel. op. cit., p. 135.

gravada em 1985: *Você com revólver na mão é um bicho feroz, feroz; sem ele, anda rebolando e até muda de voz.*

Muito antes, em 1926, quando Lampião recebeu a patente falsa e as armas e munições muito verdadeiras para combater a Coluna Prestes – mas que foram usadas para oprimir ainda mais os fracos e pobres do povo nordestino –, a covardia do predador egocêntrico se revela de forma patente. Ex-comandante da Coluna Prestes, o Marechal Osvaldo Cordeiro de Farias relatou o seu encontro com Lampião em Pernambuco:

> "Ao tentar atravessar o São Francisco, tive um encontro com Lampeão e seus homens. Ele não queria nos combater. Lembro-me de que foi um encontro à noite. Eles começaram a berrar, como também fazíamos, e sentimos então que não era tropa militar. Finalmente, aos gritos, eles próprios nos informariam: 'Isso aqui é tropa de Lampeão.' Respondemos: 'Isso aqui é tropa revolucionária!'. Eles disseram: 'Então, não queremos lutar. Deixem-nos passar.' Nossa resposta: 'Não, vocês não podem passar por aqui, mas podem nos contornar sem nenhum receio.' Lampeão não quis atravessar o São Francisco com medo de ser preso pela polícia da Bahia. Assim, preferiu não nos enfrentar."[67]

A covardia se repete em outros episódios nos quais o oponente se revela mais forte. Nesse sentido, a conclusão do testemunho de Ulysses de Souza Ferraz, filho do então capitão

---

[67] BELIEL, Ricardo. op. cit., p. 65.

nazareno Euclydes Flôr: "Lampeão disse que é valente. É mentira, é corredor."[68]

Essa covardia do predador que somente pensa em si, que não tem empatia nem pelos comparsas, foi motivo de uma briga muito séria entre Lampião e seu cangaceiro Volta Seca, no ano de 1931. O episódio, confirmado pelo colega de cárcere e de cangaço Deus Te Guie, é narrado por Joel Silveira:

> "Um dos bandoleiros, Bananeira, havia sido ferido pelos 'macacos' e ficara estendido na estrada. Volta Seca procurou Lampião e pediu-lhe autorização para ir buscar o amigo ferido. Virgulino achou que a empresa era perigosa e que a ida de Volta poderia facilitar aos soldados a pista do bando. Mas Volta Seca não podia deixar o companheiro morrer, explica Deus Te Guie. Então surgiu o primeiro atrito entre os dois. Em companhia de Caracol (também presente à entrevista, com seu rosto parado), Volta conseguiu arrastar Bananeira até um lugar bem seguro. Mas Bananeira estava muito ferido e teve que ser transportado numa rede.
>
> – Bananeira pesava como o diabo – me diz Volta Seca.
>
> Quando os dois chegaram com o companheiro ferido, Lampião e o resto do bando já haviam ido embora. Voltaram depois, e Virgulino procurou Volta Seca:
>
> – Menino, a gente tem que andar depressa. Os 'macacos' estão por perto. Solte o ferido aí e monte no seu cavalo.

---

[68] Idem, ibidem, p. 48.

Volta Seca respondeu que não podia fazer aquilo. Bananeira iria com ele – e montou o ferido no seu próprio cavalo. Virgulino, enfurecido, ordenou a Volta Seca que desmontasse Bananeira.

– Então o sangue me subiu à cabeça. Disse que não desmontava.

Lampião pegou a carabina, mas fui mais ligeiro do que ele. Apontei bem no peito, e lhe disse: 'Se o senhor bulir com as pestanas, atiro.'

'Lampião estava verde de raiva. Ficamos assim um tempo grande, um olhando para o outro. Depois os companheiros serenaram a coisa. De noite no meu rancho, fui avisado por Quixabeira e Gavião que Lampião ia me matar no dia seguinte. Então dei o fora.'"[69]

Esse acontecimento é, também, bastante representativo quanto à **ausência de altruísmo** e à **falta de empatia** de Lampião. Em que pese a sua história de "amor" com Maria de Déa, é provável que ela tenha sido fruto da máscara social de Lampião: a necessidade de manter Maria ao seu lado decorre da sua vaidade, uma vez que, como qualquer coronel, político ou mesmo rei, ele não poderia prescindir, como qualquer homem poderoso e bem visto pela sociedade, de uma senhora sua para ostentar nas ocasiões sociais.

Maria de Déa perdera os três primeiros filhos paridos na caatinga. No dia 13 de setembro de 1932, nasceu Expedita.

---

[69] SILVEIRA, Joel. op. cit., p. 135-136.

Como qualquer outro bebê, a filha de Lampião chorava sem parar. Mas o pai, sempre em fuga, também vivia sem parar. Diante de um choro, durante uma fuga, Lampião olhou para Maria, apontou para a própria filha chorando e disse: "Mate isso."[70] Não se sabe se ele brincava ou se foi repreendido por Maria, pois, afinal, Expedita sobreviveu à frase dita.

Somem-se (*i*) **narcisismo**, (*ii*) **sadismo**, (*iii*) **instinto predador**, (*iv*) **ausência de altruísmo** e (*v*) **falta de empatia** à manifesta (*vi*) **mitomania** revelada no conjunto das suas entrevistas à imprensa – todos esses traços, é claro, com manifestações extremas –, mais uma vez, pode-se concluir que Virgulino Ferreira da Silva foi, clinicamente, um psicopata. Conclusão essa já debatida à época, diga-se de passagem, de acordo com as várias referências ao cangaceiro como "louco moral", "anormal perverso", "doente social" e "inválido moral."[71]

---

[70] ARAÚJO, A. A. C. *A mulher de Lampião*. Salvador: Alba, 2011, p. 61. A história é contada por Joaquim Góis, que foi amigo do pai de Maria de Déa, Zé de Felipe.

[71] JASMIN, Élise. op. cit., p. 327.

BEGUINE DODÓI

Olha, meu bem, o que restou daquele grande herói... Como Tarzan depois da gripe de Emplastro Sabiá, tomando cana nos botequins eu vou me acabar.

Esse excerto da canção *Beguine*[72] *Dodói* insiste em tomar o meu pensamento enquanto finalizo este livro. Composta por Aldir Blanc e João Bosco, ela foi gravada por Elis Regina no álbum *Essa Mulher*, de 1979. Tal como a Maior Intérprete Brasileira, eu acho essa música "um barato" – foi exatamente com essa expressão, "um barato", que Elis qualificou a respectiva faixa na entrevista de lançamento do referido disco concedida à Rádio Nacional, em julho de 1979.

Não que Lampião seja "um barato"; longe disso! Mas, depois de tudo o que aqui revelei sobre esse potencial psicopata e indubitável serial criminoso de todas as naturezas, eu penso

---

[72] Beguine é uma dança de ritmo semelhante à rumba, mas muito mais suave. É expressão cultural típica dos povos das ilhas caribenhas de Santa Lúcia e de Martinica.

nos seus entusiastas de hoje que, eventualmente, acidentalmente, possam ler a presente obra... A eles, direi eu: *Olha, meu bem, o que restou daquele grande herói.*

Essa falsa e perversa figura do herói, que tem resistido ao vento que sopra na noite dos tempos, é fruto da diabólica manipulação do pensamento através de palavras calculadas em semiótica, estratagema especialmente característico e dominado (ou dominante) por comunistas ao longo da história. **Virgulino Ferreira da Silva nada mais é do que uma grande *fake news* da esquerda brasileira.**

Essa grande mentira do mito Lampião foi engendrada em meados da década de 1920 pelo comunismo brasileiro, então capitaneado por Luís Carlos Prestes. Se, na referida década – mesmo tendo Lampião aceitado o convite para combatê-lo em nome do presidente Artur Bernardes e apesar de sua covardia por não o ter combatido, mesmo tendo recebido uniformes, muito dinheiro e armas cujas munições, lembre-se, preferiu gastar contra o povo já oprimido do sertão –, Prestes já enxergava os cangaceiros como camponeses revolucionários cujas ações poderiam, com o auxílio do Partido Comunista, ser canalizadas para a revolução social. Assim, via em Lampião a fascinante e indispensável figura de um líder justiceiro que roubava dos ricos para dar aos pobres – coisa que nunca fez. Dez anos depois, o comunista passaria também a considerar Lampião como a pedra angular para a construção do personagem de um herói que merecerá a atenção do mundo inteiro. Tal como Prestes, Da Silva seria considerado um inimigo da nação por Getúlio Vargas.

Lampião tornou-se tão adequado para Prestes quanto Jesus foi para Paulo: Prestes era um Platão que encontrava seu Sócrates em Lampião. Transformado o homem em mito, a notícia desse Lampião ideal foi exaltada com júbilo no VII Congresso Mundial da Internacional Comunista, que aconteceu em Moscou no mês de agosto de 1935.

SEMIÓTICA NO ZAROLHO

Dos seminários do Dr. Luiz Sérgio Modesto – com o qual eu, no auge da minha horrorosa soberba juvenil, dificilmente estava de acordo apesar de sua eloquente e sedutora argumentação ao falar da Teoria Geral do Estado –, nos velhos bancos da Faculdade de Direito do Largo São Francisco, guardo a fascinante descoberta dos aspectos fundamentais da Semiótica: uma teoria geral dos signos que investiga, grosso modo, as relações e operações *sígnicas* mentais que acontecem de modo automático, intuitivo e implícito. Em outras palavras, a arte de dominar consciências através de atos externos que provocam reações neuronais calculadas para uma finalidade estabelecida por terceiros, de maneira que a implantação e a aceitação dessa finalidade não sejam percebidas pelos receptores (ou vítimas).

Porque é óbvio, preciso enfatizar: um conhecedor da semiótica é capaz de direcionar o significado ou de produzir grande impacto e superdimensionamento de um acontecimento no espectador. Não é à toa que, nos dias atuais, a chamada semiótica de imagem ou matriz visual seja um instrumento publicitário de maior valor.

Quinze anos mais tarde, em 2018, para minha Tese de Doutorado sobre a condição do fanático religioso no direito civil, sem que eu percebesse, voltei à manipulação dos signos através dos símbolos graças às valiosas lições de Pierre Bourdieu que, em *O Poder Simbólico*, conecta a eles um intrínseco poder invisível que só pode ser exercido com a cumplicidade daqueles que não querem saber que a ele estão sujeitos ou mesmo que exercem esse poder. Um poder de construção da realidade que tende a estabelecer uma ordem gnosiológica – em português: o símbolo tem o poder de provocar reações e direcionar o entendimento das pessoas que não querem saber, não sabem ou não percebem que esse símbolo está sendo utilizado com a intenção de direcionar o conhecimento delas.

Assim, todo aquele que se utiliza do poder de um símbolo para determinada finalidade, por não ser o gênio criador do símbolo utilizado, age como se fosse o seu criador substituto, um vigário do gênio e também um vigarista, se estiver disposto a aceitar as exigências antiéticas de uma posição contraditória... Afinal – e essa é a grande lição de Bourdieu –, se existe uma verdade é que a verdade está em jogo nas lutas.

Apesar de ter sido desenvolvida no final do Século XIX pelo americano Charles Sanders Pierce, os estudos da Semiótica aprofundaram-se muito longe dele. Essa nova ciência foi levada ao estado da arte na extinta União Soviética e foi responsável pelo estruturalismo linguístico dessa longeva, poderosa e perversa tirania.

Mas volto ao Dr. Modesto que, além de Doutor e Mestre em Teoria do Estado, é também Doutor em Comunicação e Semiótica. Nos seus seminários, o Jurista argumentava que os modelos teóricos da *política* – por ele definida como *mando ou força justificáveis* – ainda apresentam intacto o cordão umbilical com a mitologia e seus derivados terminológicos diádicos do bem e do mal das teologias religiosas, de maneira que muitas das asserções da Sociologia, da Teoria Política e do Direito revelam fundamentos teológicos sem os quais ruiriam seus argumentos persuasivos para domesticação. Para ele, a origem ocidental da crença na *ordem política* vem do texto seminal da etnia *Akkad* denominado *Enuma Elish*, do Século XII a.C., cosmologia teogônica de autor desconhecido que teria continuidade diluidora na Torá, escrita entre os séculos IX a V a.C..

Uma vez que o conhecimento da semiótica pode instrumentalizar interesses através da manipulação de ações para que encontrem aceitação automática e implícita no registro de signos do interlocutor – em que se encontra tudo o que vem à mente, na qual o possível se torna real pela conexão com o nosso conhecimento no instante do registro –, a sua utilização no jogo político terá maior sucesso através da exploração dos derivados terminológicos diádicos do bem e do mal das teologias religiosas.

É através dessa verdadeira *patifaria intelectual* que os comunistas brasileiros incensaram Lampião. Cícero Romão podia ser um inimigo de Prestes, mas não tinha o monopólio dos signos cristãos. Era, na esteira do pensamento de Bourdieu, um vigário do criador desses signos... E os comunistas, mestres ou vítimas inconscientes da semiótica, apagando a linha tênue que separa o vigário do vigarista, operariam esses mesmos signos cristãos com a intenção de arrebatar, através dos seus discursos, do cordel alheio e também da tradição oral popular os corações cheios de fé em Cristo e na Virgem Maria daqueles sertanejos com os estômagos cheios de fome.

Nesse sentido, valho-me das constatações da pesquisadora francesa Élise Jasmin:

> "A história de sua vida e de sua morte seria escandida por acontecimentos que guardam semelhança com a vida de Cristo: o pai de Lampião chamava-se José; sua mãe, Maria; Lampião teria passado a adolescência na cidade de Nazaré; o número 12, evocando os doze apóstolos, aparece com frequência nas narrativas que falam dos momentos fortes de sua vida...
>
> Duas personagens são citadas com frequência e associadas direta ou indiretamente a dois companheiros de Cristo. Trata-se de Luís Pedro, o melhor amigo de Lampião, seu fiel lugar-tenente, que podemos associar a São Pedro, e de Pedro de Cândida, o traidor que o teria vendido às forças policiais. Embora fosse seu homem de confiança e cujo papel é comparado ao de Judas."[73]

---

[73] JASMIN, Élise. op. cit., p. 248.

Se os mais humildes seriam fisgados pelo fervor do catolicismo sertanejo, os mais letrados, por sua vez, seriam seduzidos pela literatura.

Publicado em 1876, *O Cabeleira*, de Franklin Távora, foi o primeiro romance de uma série que se tornou conhecida como *Literatura do Norte*, um projeto literário que buscava representar o mestiço regional e os seus costumes como elementos relevantes da cultura nacional. O espaço solitário do indígena de José Alencar passaria, assim, a ser compartilhado com o mameluco. Ao lado de Peri, na literatura brasileira, surge José Gomes, o Cabeleira: fruto da miscigenação entre a bravura heroica indígena e a nobreza caucasiana vinda do continente europeu, Cabeleira é um homem temido, que se fez perverso quando retirado da mãe, mas também amado, como o guerreiro espanhol medieval El Cid e o ladrão altruísta Robin Hood.

Na estória, a condenação do protagonista por seus crimes nada mais é do que a continuidade de uma injustiça estrutural contra os pobres:

> "A justiça executou o Cabeleira por crimes que tiveram sua principal origem na ignorância e na pobreza.
>
> Mas o responsável de males semelhantes não será primeiro que todos a sociedade que não cumpre o dever de difundir a instrução, fonte da moral, e de organizar o trabalho, fonte da riqueza?"[74]

---

[74] TÁVORA, Franklin. *O Cabeleira*. 2. ed. São Paulo: Martin Claret, 2014, p. 198.

Monteiro Lobato, em artigo publicado no jornal *O Estado de S. Paulo*, revelou seu verdadeiro horror ao gênero:

"Esboroou-se o balsâmico indianismo de Alencar ao advento dos Rondons que, ao invés de imaginarem índios num gabinete, com reminiscências de Chateaubriand na cabeça e Iracema aberta sobre os joelhos, metem-se a palmilhar sertões de Winchester em punho.

Morreu Peri, incomparável idealização dum homem natural como o sonhava Rousseau, protótipo de tantas perfeições humanas que no romance, ombro a ombro com altos tipos civilizados, a todos sobreleva em beleza de alma e corpo.

Contrapôs-lhe a cruel etnologia dos sertanistas modernos um selvagem real, feio e brutesco, anguloso e desinteressante, tão incapaz, muscularmente, de arrancar uma palmeira, como incapaz, moralmente, de amar Ceci.

(...)

Todos os volumes do Larousse não bastariam para catalogar-lhe as crendices, e como não há linhas divisórias entre estas e a religião, confundem-se ambas em maranhada teia, não havendo distinguir onde para uma e começa outra.

A ideia de Deus e dos santos torna-se jecocêntrica. São os santos os graúdos lá de cima, os coronéis celestes, debruçados no azul para espreitar-lhes a vidinha e intervir nela ajudando-os ou castigando-os, como os metediços deuses de Homero. Uma torcedura de pé, um estrepe, o feijão entornado, o pote que rachou, o bicho que arruinou – tudo diabruras da corte celeste, para castigo de más intenções ou atos.

Daí o fatalismo. Se tudo movem cordéis lá de cima, para que lutar, reagir? Deus quis."[75]

Por outro lado, os comunistas brasileiros tinham à disposição todos os elementos para a criação do mito de Lampião, o zarolho filtrado pela Semiótica, que se mantém robusto até os dias atuais.

Tamanha foi a eficiência da empreitada que – mesmo diante dos fatos ainda frescos que não deixavam margem para duvidar da realidade de que Lampião foi um terrorista mercenário dos latifundiários contra o povo, em 1959 – o deputado estadual pernambucano Francisco Julião, líder das Ligas Camponesas que reivindicavam uma reforma agrária, definia o cangaceiro como um símbolo de resistência. Fruto da injustiça social proveniente de uma estrutura agrária superada, Lampião, para o parlamentar, foi o primeiro homem do Nordeste oprimido pela injustiça dos poderosos a batalhar contra o latifúndio e a arbitrariedade.[76] Essa percepção absolutamente equivocada persiste até os dias atuais dentro do ideário dos equivocados *Sem Terra* brasileiros – e de todos os agentes políticos que os exploram.

---

[75] LOBATO, Monteiro. Urupês. *O Estado de S. Paulo.*, São Paulo, 23 dez. 1914. Ora in LOBATO, Monteiro. *Urupês*. 2. ed. São Paulo: Globo, 2009, p. 167-177.

[76] BARBOSA, Severino. Parlamento pernambucano exige o sepultamento de Lampião. *Diário de Pernambuco*. Recife, ano 134, edição 112, p. 8, 17 mai. 1959.

A ESTÉTICA DA ESTUPIDEZ COMO IMBECILIDADE COLETIVA

Qualquer tentativa de creditar algum heroísmo a Lampião ou de justificar, no todo ou em parte, os seus incontáveis crimes através do argumento do vitimismo social, não passa do mais explícito exercício retórico de patifaria intelectual.

Conforme já desabafei no Prólogo do meu primeiro livro fora do universo do Direito, *Estética da estupidez* (a arte da guerra contra o senso comum)[77], no meu tempo de estudante, ouvia-se, com frequência, dos expoentes acadêmicos, orientados à esquerda e deitados em indisputável berço esplêndido, palavras de descrédito a doutrinas e autores liberais ou conservadores. Se, porventura, eram mencionados, mesmo sem análise ou exposição integral, isso se dava para a composição de um quadro sinótico a fim de justificar o partidarismo do expoente, sua ideologia (de esquerda) e moral própria. Quer dizer, uma estúpida cortesia. Uma tendenciosa exceção à regra de descarte prévio da doutrina divergente.

Sobrevivi a essa dieta acadêmica mesmo sendo um *direitista* fora do armário. O segredo? Entreguei-me à prática da honestidade intelectual, ao exercício ético – e, por isso, autêntico – da reflexão acerca daquelas doutrinas impostas. Ora! O espírito acadêmico se identifica com o método científico e está presente apenas nas cabeças honestas e curiosas, desafiadoras dos dogmas

---

[77] PAVINATTO, Tiago. *Estética da Estupidez*: a arte da guerra contra o senso comum. São Paulo: Edições 70, 2021, p. 21-26.

e das imposições doutrinárias. Afinal, o método científico pode ser definido simplesmente como um teste eterno de tentativa e erro para que se possa dizer que algo é verdadeiro... E porque a ciência é um teste eterno, esse verdadeiro é sempre provisório. Logo, todo aquele que não despreza a razão de ser do próprio intelecto nunca se contentará em aceitar, automaticamente, esse acerto e tampouco se condenará a desperdiçar uma vida debulhando tal acerto prestigiado e festejado como se não existisse nada além dele – e com a crença de que o simples acesso a outras doutrinas representaria a mordida amaldiçoada na maçã do Éden.

Bípedes senhores da natureza e dos próprios destinos têm curiosidade e motivação para, frente ao acerto trazido, recorrerem às premissas, checarem todos os fatos disponíveis até que se esgotem todas as possiblidades. Porque nada é honesto nem justo fora da verdade ou da verossimilhança, sempre evitei a defesa de qualquer tese sem, antes, percorrer o caminho do diálogo com teses opostas e com as conclusões variantes em circunstâncias e realidades diversas.

Intelectuais, acadêmicos e cientistas honestos agem como o juiz justo: ouvem todas as partes contrapostas para, mesmo quando suas emoções lhes trazem qualquer pré-julgamento, renunciando a toda preconcepção, a tomada de decisão sem que nenhum dos argumentos disponíveis seja negligenciado.

No Brasil politicamente polarizado dos dias atuais, a democratização no debate de muitos temas tabus foi, antes de tudo, mera exposição de absurdos contrários entre opositores incapazes de dialogar. Depois, reduziu-se à acusação mútua de *fake news* – e vence quem tem o poder político. Esse debate polifônico – hoje, em risco de extinção – não logrou êxito em razão da intransigência de dois polos coletivizados e, portanto, fechados ao método científico. Em outros termos, porque os dois lados estão em disputa pela hegemonia dogmática, não há debate, mas embate de pessoas que falam e não querem escutar.

Os que se rotulam, por sua ignorância, como esquerda, ignoram e aviltam Smith. Já aqueles que acreditam fazer parte da direita – que, incompreendida, passa a ser definida conforme a crença dos participantes (ferindo de morte o seu significado) –, ignoram ou travam guerra contra Marx. No fim do dia, ambos, à esquerda e à direita, não leram (e talvez nunca o façam) nem Smith nem Marx. E, porque não o fizeram nem pretender fazer, todo aquele que ousa ler a obra de um autor que é elevado à condição de mito ou de profeta pelo polo oposto é definido como inimigo. Àquele que conhece os autores dos dois polos – para os quais são, respectivamente, mitos ou profetas (símbolos) contrapostos (enquanto um autor é deus para um círculo e diabo ao outro, o autor que simboliza o outro é, assim, diabo do primeiro e deus do segundo) – restará o ostracismo: nem tanto por se familiarizar com o outro, mas pela heresia de conhecer, de buscar a verdade e de pensar individualmente fora da coletividade despótica.

Porque nos foi dada a graça do arsenal para a luta contra as trevas do pensamento, o único dogma que tenho aceitado na última década da minha vida provém de São Tomás de Aquino: a felicidade está em contemplar a verdade buscando-a. É o único propósito capaz de elevar a nossa vida acima do nível da farsa e, por isso, requer considerável bravura para viver a dignidade da tragédia.

Proscrevendo a máxima de Inês Pereira, desprezo burro que me carregue e enfrento cavalo que me derrube... E o burro que carrega na vida real é, na expressão grafada por Olavo de Carvalho, o *Imbecil Coletivo*.[78]

O imbecil coletivo brasileiro é capitaneado por intelectuais progressistas entusiastas de filosofias que negam o sentido da História em razão de um sentimento depressivo consequente ao fracasso do comunismo. Juntos, eles compõem o *intelectual coletivo* de Gramsci a partir de um pacto que exige de cada um a renúncia à inteligência individual autônoma. O espírito desse *intelectual coletivo* é, para Olavo, o que anima a vida intelectual como um todo no Brasil, reduzindo-a a reproduzir, mimeticamente, "pela uniformidade dos temas e dos valores, a discussão interna no velho Partido Comunista, o processamento coletivo das ideias por uma massa de militantes para obter pela soma dos votos a definição infalível da 'linha justa.'"[79]

O *imbecil coletivo*, portanto, é um coletivo de sujeitos dentro do qual cada um deve macular a sua individualidade e rejeitar a própria personalidade, de maneira que, tribalizado, a sua "vida intelectual reduz-se assim à mútua interconfirmação de crenças, preconceitos, sentimentos e hábitos dos membros do grupo letrado."[80]

---

[78] CARVALHO, Olavo de. *O imbecil coletivo*: atualidades inculturais brasileiras. 6. ed. Nova ed. revista em 2. Impressão. São Paulo: É Realizações, 2006.

[79] Idem, ibidem, p. 88-89.

[80] Idem, ibidem, p. 89-90.

Posso afirmar que, clinicamente, tais sujeitos individualmente considerados, pelo equívoco da redução das suas identidades ao conceito de identificação, são o extremo oposto dos psicopatas... E porque se inserem em um extremo tornam-se, também, seres perigosos marcados pela *antipersonalidade*.

O *imbecil coletivo* é, em outras palavras, uma coletividade de estúpidos que compartilham ou tentam se conformar a uma mesma natureza de estupidez. A estupidez, conforme analisei em meu livro *Estética da Estupidez*, por se sustentar da mentira, é um fenômeno que odeia a verdade.

Diferenciado, por definição, do mentalmente incapaz, ou o estúpido é um manipulador ou ele é um sujeito acomodado, sem curiosidade, puramente violento, preconceituoso ou revoltado. O estúpido, incapaz que é de reconhecer a sua incapacidade em decorrência da sua vaidade, aprofunda-se na sua certeza à medida que encontra validação contínua do coletivo (de igual maneira estúpido, além de binário – fator esse que eleva o risco da eliminação do grupo, já que uma só orientação diversa pode contaminar o conjunto das demais, pois só existem duas cores, quais sejam, a do grupo e aquela do rival; não existem tons intermediários) e, a cada argumentação racional, lança mão da hipócrita (porque imodesta) desculpa da humildade que, para ele, transforma em entendimento o seu desentendimento e garante a equivalência no debate ao exigir reconhecimento de seu intelecto atávico e com acanhadíssimo desenvolvimento.

Para o estúpido, aqueles que ousarem contraditá-lo (ou se levantarem contra qualquer um de sua tribo) serão elitistas, comunistas, fascistas, stalinistas, frescos, machistas ou, simplesmente, serão invejosos ou não terão *lugar de fala*. Há sempre uma resposta genérica e sem significado para aqueles que enfrentam a verdade através da verdade de desconhecer a verdade.[81]

Nesse sentido, o retrato de Lampião como herói ou injustiçado ou qualquer coisa que o valha é, em última análise, um fenômeno produzido pela estupidez humana canalizada para o coletivo da esquerda brasileira. Sim, exclusivo da inculta ou incauta esquerda brasileira, pois tal estética é insustentável e, até mesmo, abjeta para marxistas sérios.

Lembrando que toda reificação (*coisificação*; transformação de uma realidade viva e dinâmica em coisa) é uma forma de esquecimento, Herbert Marcuse, em seu ensaio sobre *a dimensão estética*, adverte sobre o perigoso equívoco da redução de um movimento social a uma imagem ou a um recorte de imagens tematicamente orientadas, mas divorciadas das palavras ocultas nesse recorte – haja vista que tal redução somente possibilita uma transmissão do conhecimento por imitação (*mimese cognitiva*), impedindo que se chegue ao sistema no qual estão inseridos os elementos dessas imagens, bem como aos horrores do conjunto que é dinâmico. Em suma, "a estilização petrifica os senhores do terror em monumentos que sobrevivem – blocos de memória que não se renderão ao esquecimento" –, pois o recorte de algum aspecto belo, bravo ou bom mitiga a realidade desafiadora e faz do estilo "parte da catarse afirmativa, reconciliadora."[82]

---

[81] PAVINATTO, Tiago. *Estética da estupidez* op. cit., p. 118-121.
[82] MARCUSE, Herbert. *A dimensão estética*. Trad. Maria Elisabete Costa. Lisboa: Edições 70, p. 60-66.

Até mesmo para o celebrado historiador marxista britânico Eric Hobsbawm, entusiasmado defensor daquilo que chama de *banditismo social*, o mito de Lampião não passa de estética equivocada e torpe de um criminoso imperdoável perpetuada pelos "intelectuais" brasileiros – pseudomarxistas que, ressalto, não devem conhecer as obras de Hobsbawm em primeira mão (se é que já leram, inclusive, *O Capital*, do próprio Karl Marx, por inteiro, mesmo que em edição traduzida para a língua portuguesa).

BANDIDO SOCIAL

Demonstro o que acabo de afirmar: nenhum intelectual marxista verdadeiramente intelectual aceita endossar a estética do mito de Lampião celebrada, por um século inteiro, pela esquerda brasileira educada por *mimese cognitiva*. A única afirmação mais favorável a Lampião, que se pode fazer com honestidade, é: Lampião era um bandido (palavra derivada do italiano, qual seja, *bandito*, que significa *banido, posto para fora em razão da lei independentemente de contextos pessoais ou circunstanciais*).

Marxista de envergadura, Eric Hobsbawm argumenta que, para compreender o banditismo e a sua história, faz-se necessário analisá-lo dentro do "contexto da história do poder, ou seja, do controle, por parte dos governos ou outros centros de poder (no campo, principalmente os donos da terra e do gado), daquilo que sucede nos territórios e entre as populações sobre as quais pretendem exercer controle."[83]

O Historiador assinala que, somente "no século XIX, tornou-se possível o monopólio efetivo das armas por parte do Estado." Antes desse século, nenhuma nação "tinha capacidade de manter uma força de polícia rural eficaz que atuasse como agente direto do governo central e abarcasse todo o território", de maneira que essa "debilidade do poder propiciava o potencial para o banditismo", bem como levou alguns impérios a considerarem "que certo grau de banditismo era normal e endêmico nas áreas fronteiriças dedicadas ao pastoreio e em zonas congêneres."[84]

Dentro desse contexto é que Hobsbawm parte para a definição de *bandido social* e, via de consequência, *banditismo social*:

> "São proscritos rurais que o senhor e o Estado encaram como criminosos, mas que continuam a fazer parte da sociedade camponesa, que os considera heróis, campeões, vingadores, pessoas que lutam por justiça, talvez até mesmo vistos como líderes da libertação e, sempre, como homens a serem admirados, ajudados e sustentados. (...) É essa relação entre o camponês comum e o rebelde, o proscrito e o ladrão, que confere interesse e significado ao banditismo social."[85]

---

[83] HOBSBAWM, Eric. *Bandidos*. 6. ed. Trad. Donaldson M. Garschagen. São Paulo: Paz e Terra, 2021, p. 25.
[84] Idem, ibidem, p. 29-30.
[85] Idem, ibidem, p. 36.

A partir dessa ideia, surge a necessidade da diferenciação, dentro da mesma criminalidade rural, entre o *bandido social* e os ladrões comuns: se, por um lado, as duas categorias criminais têm em comum o fato de que vítimas e atacantes são estranhos e inimigos, por outro, somente os ladrões comuns veem os camponeses como presa e têm consciência de sua hostilidade. Portanto,

> "para um bandido social, seria impensável apossar-se da colheita dos camponeses (mas não a do senhor) no próprio território em que ele vive, e talvez também não o fizesse em outro lugar. Por conseguinte, aqueles que assim procedem carecem daquela qualidade peculiar que caracteriza o banditismo 'social.'"[86]

Os *bandidos sociais*, na esteira de Hobsbawm, "corrigem os erros, desagravam as injustiças e, ao assim proceder, põem em prática um critério mais geral de relações justas e equitativas entre os homens em geral, em particular entre os ricos e os pobres, os fortes e os fracos."[87] Porque a violência do *bandido social* é justiceira, a moderação para matar faz parte da ética desse bandido.[88] Não era, definitivamente, o caso de Lampião.

Direcionando especial interesse pelo Rei do Cangaço, o Historiador questiona se Virgulino poderia ser uma variante especial do banditismo social em razão do universo ético ao

---

[86] Idem, ibidem, p. 36-37.
[87] Idem, ibidem, p. 46.
[88] Idem, ibidem, p. 83.

qual pertenceu, uma vez que muitas canções, muitos poemas e cordéis o enaltecem tanto como ladrão nobre quanto como monstro, bem como pelo fato de que "Lampião foi e ainda é um herói para sua gente, mas um herói ambíguo" – pois, apesar de herói, Lampião não era um herói bom."[89]

Tal hipótese especial do *bandido social sertanejo*, contudo, não se sustenta diante dos horrores fartamente registrados:

> "Lampião assassinou um prisioneiro, embora sua mulher tivesse pagado o resgate pedido; massacrou trabalhadores; torturou uma velha que o amaldiçoara (sem saber de quem se tratava) fazendo-a dançar com um pé de mandacaru até morrer; matou sadicamente um de seus homens, que o ofendera, obrigando-o a comer um quilo de sal; e incidentes semelhantes. Causar terror e ser impiedoso é um atributo mais importante para esse bandido do que ser amigo dos pobres.
>
> E, curiosamente, embora na vida real Lampião fosse sem dúvida arbitrário, e às vezes cruel, via a si próprio como defensor da correção em pelo menos um aspecto importante: a moralidade sexual."[90]

Em quase vinte anos, Lampião tornou-se um poder em si mesmo – muito acima do poder dos coronéis aos quais, na primeira década de seu bando, prestou seus serviços contra os pobres. Contudo, politicamente, esse poder foi incapaz "de

---

[89] Idem, ibidem, p. 84-86.
[90] Idem, ibidem, p. 87.

oferecer uma alternativa real aos camponeses", o que "limitava seu potencial revolucionário."[91]

Lampião não se encaixa em nada dentro do conceito de *bandido social*, mas essa estética equivocada assumida pelos "intelectuais" brasileiros garantiu a sua sobrevivência como tal[92], de maneira que esse mito (essa imagem errada propositalmente criada pelos comunistas brasileiros) "persiste no mundo urbanizado moderno como uma espécie de memória popular a que periodicamente os meios de comunicação públicos e o ressentimento privado dos fracos injetam vida nova."[93]

GRANDE SERTÃO: VERDADES

Contemporâneo de Lampião, o escritor e poeta paraibano João Martins de Athayde foi um dos poucos com coragem suficiente para compor um cordel realista sobre o Rei do Cangaço estando ele ainda vivo:

> Lampião é um bandido
> De muita perversidade
> No logar onde elle passa
> Vai deixando a orfandade
> E não pode ter conceito
> Os crimes que ele tem feito
> fora e dentro da cidade

---

[91] Idem, ibidem, p. 120-139.
[92] Idem, ibidem, p. 168.
[93] Idem, ibidem, p. 218-226.

> É ladrão assassino
> E também deflorador
> Fez do rifle um seu amigo
> Consagrando grande amor
> E desgraçado e perjuro
> E mais sujo que o monturo
> Que nada tem valor[94]

Virgulino Ferreira da Silva não tinha nada de herói nem de justiceiro nem de comunista. Foi um agente da miséria a soldo dos donos do poder que sempre lucraram com essa miséria: Lampião compartilhou com eles esse lucro e – como um alpinista social de sucesso financeiro, um novo rico sem nenhum ressentimento passado – sempre preferiu a companhia dos homens com muito dinheiro e poder. Suas interações não criminosas com os mais necessitados não passaram de esmolas – interações bastante eventuais, pois, longe de ser ignorado, o proletariado miserável, pobre e mediano, era vítima desse cangaceiro parasitário e sádico.

Qualquer outra coisa que se afirme sobre Lampião não passa de mentira, de desinformação; *fake news* tão patente quanto à falsidade da patente de Capitão. Nada mais. Uma mentira comunista tão bizarra que, à época, não passou despercebida aos olhos atentos de Graciliano Ramos.

---

[94] JASMIN, ÉLISE. op. cit., p. 94-95.

Entre 1931 e 1941, suas crônicas publicadas em jornais do Rio de Janeiro e do seu Estado natal, Alagoas, denunciam, com ironia até, a perversidade dessa invenção de comunistas do sul-sudeste brasileiro, que são discretamente descritos por Graciliano como "cidadãos que nunca viram o sertão falam dele como se tivessem vivido nele uma porção de tempo. É isso que estraga essa terra, não é outra coisa não."[95]

A denúncia desses "Cidadãos" descritos está inserida em uma crônica publicada em 1931. Nela, um Lampião imaginário concede a Graciliano uma entrevista que nunca existiu:

"– Deixe disso, capitão, não se afobe. Novidade é um jornal.

– Um jornal?

– Sim, senhor, um papel com letras para embromar os trouxas. Mas o nosso é um jornal sério, um jornal de bandidos.

Lampião mostrou a dentuça e grunhiu:

– Uhn! Anda procurando um chefe.

– Ah! não! protestamos. Já temos. **O lampionismo em literatura é diferente do seu**. O que eu quero é entrevistá-lo, entende?

– Que quer dizer isso?

– É uma tapeação. O senhor larga umas lorotas, eu escrevo outras e no fim dá certo."[96]

---

[95] RAMOS, Graciliano. op. cit., p. 35.
[96] Idem, ibidem, p. 33. (grifo nosso)

A percepção de Graciliano Ramos sobre Lampião não muda em nada ao longo da década de 1930. Um ano antes da morte de Virgulino, em 1937, o escritor é categórico ao afirmar que, se algum dia existiu alguma forma de cangaço com rasgos de cavalheirismo – do que duvidava – a ponto de cativar trovadores broncos do interior, essa modalidade foi aniquilada de vez por Lampião, pois seus métodos se resumem à barbárie e à monstruosidade.[97]

Bandido sádico do tipo que aniquila o inimigo em suas posses, em sua vida e em sua honra, castrando-o ou desonrando suas filhas, "Lampião era um monstro, tornou-se um monstro, símbolo de todas as monstruosidades possíveis"[98], reafirma o autor de *Vidas Secas*, em 1938.

Em uma edição de 1936, o jornal soteropolitano *A Tarde* trazia a angustiante notícia:

> "Lampeão reapareceu no Nordeste. Com uma fúria nova, um ódio mais vivo, uma perversidade mais deshumana. Já não se contenta em assaltar fazendas e sítios; ataca villas e cidades. E o flagelo solto. Realiza o seu ciclo fatal. Destrói sistematicamente, por séries, com uma pontualidade de catástrofe prevista no barômetro, indicada na folhinha meteorológica. E o gênio da desgraça que faz a sua ronda."[99]

---

[97] Idem, ibidem, p. 52.
[98] Idem, ibidem, p. 84-85.
[99] BELIEL, Ricardo. op. cit., p. 176.

De fato, acossadas pelo terror, famílias inteiras saíram do sertão antes ou depois de terem sido levadas à mais absoluta miséria pelo Rei do Cangaço. Além da extorsão dos latifundiários, avalia-se que, em 15 anos, o bando de Lampião tenha roubado tudo de valor que existisse dos pequenos e médios produtores nas zonas rurais dos Estados de Pernambuco, Paraíba, Ceará, Alagoas, Bahia, Rio Grande do Norte e Sergipe. E, não raro, quando não encontrava nada de valor, mandava o pobre sertanejo tomar empréstimo com agiotas na praça.

Estima-se que, em quase duas décadas, Lampião e a sua quadrilha tenham "movimentado" mais de 270 Contos de Réis – o equivalente a quase 34 milhões de Reais. Nenhum centavo foi "investido" em nenhuma obra em prol da população; nem de caridade.

A mesma desgraça recaía sobre os homens pobres com famílias numerosas que viviam em pequenas propriedades em sistema de posse comunal: Lampião e os seus cangaceiros invadiam essas propriedades e nelas se "hospedavam". Apossavam-se de toda a comida disponível e dizimavam qualquer rebanho. Nunca tiveram projeto nem nunca passaria pelas suas cabeças qualquer reforma ou revolução social; eram, única e tão somente, parasitas da pior espécie que já existiu.

QUARESMA DE TRISTE FIM

Quadragesima dies, em latim, se refere ao quadragésimo dia que, biblicamente, coincide com o último dia de um período de provação.

No *Novo Testamento*, Jesus é levado ao Templo (e, assim, apresentado ao Senhor) quarenta dias depois do seu nascimento. De igual maneira, Jesus passa quarenta dias e quarenta noites jejuando no deserto. Por fim, antes de subir definitivamente ao Reino do Céu, o Cristo ressuscitado passa quarenta dias com os discípulos.

Sejam dias ou anos, a marca da *quadragésima* é também representada como o fim de um período de dificuldades e demonstração de fé para que, no dia seguinte, se manifeste a glória divina: a arca de Noé não tocou o solo por quarenta dias e quarenta noites; por igual período, Moisés permaneceu no Monte Sinai antes de receber a *Lei*; os hebreus levaram quarenta anos até chegar à terra prometida; etc..

Tal qual o povo de Nínive (mencionado no Livro de Jonas), católicos romanos e ortodoxos, anglicanos e luteranos observam quarenta dias de penitência para obter a graça de Deus... No caso desses cristãos, a graça é poder celebrar a Páscoa, o momento da ressureição, a principal celebração litúrgica dos seus calendários. Esse período de privações e penitência de quarenta dias é chamado de Quaresma.

No sertão nordestino, contudo, a memória dos assassinados e as vítimas que sobreviveram às atrocidades do bando de Lampião jamais encontraram nenhum sinal de glória, mesmo depois da decapitação desse chefe de quadrilha carniceiro. Tiveram, em contrapartida, uma quaresma de triste fim – ou lhes restou (e ainda resta) apenas uma quaresma sem fim.

Vinte e cinco anos após a decapitação de Lampião, de Maria de Déa e de alguns cangaceiros do seu bando em Grota do Angico, no sertão do Sergipe, o cineasta baiano Glauber Rocha – um dos fundadores do chamado *Cinema Novo* no Brasil e ainda considerado (pelos mesmos intelectuais, importante dizer, *pseudomarxistas* que aceitam e perpetuam a estúpida estética heroica *lampionista*) um dos grandes nomes, senão o maior dentre eles, do cinema brasileiro, ou seja, outra grande *fake news* da esquerda brasileira – filmou e dirigiu *Deus e o Diabo na Terra do Sol*.

O filme estreou em 1964 e foi escolhido pelo Governo João Goulart, nos seus últimos instantes, para representar o Brasil no 17º Festival de Cinema de Cannes, na França, que aconteceu entre os dias 29 de abril e 14 de maio do mesmo ano. Foi indicado entre outros 24 longas-metragens à *Palma de Ouro*, o prêmio de maior prestígio do badalado festival francês, com o título internacional *Black God, White Devil*. Ficou, todavia, muito distante do vencedor, o drama musical romântico francês *Les Parapluies de Cherbourg* (traduzo: *Os Guarda-Chuvas de Cherbourg*), escrito e dirigido por Jacques Demy.

Deus e o Diabo na Terra do Sol não é um filme sobre Lampião, mas, semioticamente, remete seus protagonistas ao bando do Rei do Cangaço: o sofrido sertanejo Manoel mata um coronel que o enganou e o jogou na miséria; ele e sua mulher, Rosa, juntam-se a um bando liderado por um santo na luta contra os grandes latifundiários. A Associação Brasileira de Críticos de Cinema, em novembro de 2015, colocou o filme na lista dos *100 Melhores Filmes Brasileiros de Todos os Tempos*, *ranking* no qual ele ocupa o segundo lugar (!). Pessoalmente, tenho a mesma opinião que ouvi da boca de Carlos Heitor Cony em 2004: "O filme é chatérrimo."

A obra foi gravada em Monte Santo, Estado da Bahia, no ano de 1963. Mas Lampião odiava tanto Monte Santo que, na sua lógica cabrunca, qualquer pessoa que fosse natural de lá deveria morrer. As gravações em Monte Santo abriram ainda mais a ferida, jamais cicatrizada, na alma de Teresinha, cujo avô, Silvino, foi brutalmente assassinado a mando de Lampião:

> "Chegou perguntando de onde eram as pessoas e meu avô foi dizendo: sou de Monte Santo' Monte Santo? Azulão, executa! Azulão chegou, amarrou meu avô e pendurou no torno e mandou fazer o que ele podia merecer. A primeira coisa que ele deu foi um coice de fuzil nos peitos. Os peitos

de meu avô subiu. A segunda foi uma punhalada no imbigo. A terceira foi uma punhalada no peito esquerdo. Foi quando meu avô sentiu que aquela punhalada entrou dentro do coração dele, ele abriu a boca três vezes pra falar com a filha, mas não deu. Aí o Lampeão mandou que o Azulão cortasse a corda e deixasse cair no chão. Foi quando ele derrubou meu avô e caiu de burço."[100]

Dez anos antes de *Deus e o Diabo na Terra do Sol*, em 1953 (e quinze anos depois da morte de Lampião), o cineasta Lima Barreto dirigiu e escreveu (com a ajuda da escritora Rachel de Queiróz na criação dos diálogos) *O Cangaceiro*: seu protagonista, o cangaceiro "Capitão" Galdino, era uma réplica ficcional de Lampião. No mesmo ano, na 6ª edição do *Festival de Cannes*, levou dois prêmios: *Melhor Filme de Aventura* (*The Bandit of Brazil*) e *Melhor Trilha Sonora*. A imagem de Lampião ganhou o mundo de vez: ficou cinco anos em cartaz nos cinemas franceses, foi exibido em mais de 80 país e, assim, vendido para a *Columbia Pictures*.

O filme foi rodado no interior de São Paulo, em Vargem Grande do Sul. Aliás, foi nas gravações desse filme que Adoniran Barbosa, que fazia parte do elenco, conheceu o conjunto Musical *Demônios da Garoa*. Na trágica lista dos *100 Melhores Filmes Brasileiros de Todos os Tempos*, este ocupa o 64º lugar.

O fato é que, na contramão dos cinéfilos do mundo, o filme não foi aplaudido pelas vítimas, parentes e amigos das vítimas

---

[100] BELIEL, Ricardo. op. cit., p. 176.

fatais do cangaço no sertão nordestino. Quando *O Cangaceiro* entrou cartaz em Maceió (Alagoas), Dona Stael Vieira, que teve a irmã sequestrada pelo bando de Lampião, ficou revoltada. Nas palavras do seu entrevistador, Luitgarde Oliveira Cavalcanti Barros,

> "'*estavam transformando as desgraças e o sofrimento de uns em diversão de outros*'. Aquilo não era cena de que alguém achasse graça ou quisesse ver para se distrair. Tanta tragédia, tanto órfão, e o sujeito ganhar dinheiro em cima disso! Para ela, este era o tipo de história que só se deve mostrar como '*exemplo do abismo para onde escorregam os homens que esquecem Deus, a honra e o respeito ao próximo.*'"[101]

A estúpida estética romântica e heroica de Lampião e dos seus cangaceiros, como se nota, é contemporânea ao rastro de terror e de destruição de vidas, honras, sonhos e coisas deixado por esse bando. Contudo, o rastro da bruta realidade vai, pouco a pouco, sendo apagado ao passo que, porque é ideia (porque é imaterial), a estética permanece a ponto de se sobrepor a ele, ao rastro das indescritíveis dores dos sobreviventes prejudicados, ferrados, castrados, mutilados e desonrados pelo cangaço. Essa estilização, ao mesmo tempo que petrifica e eterniza um imerecido monumento ao monstro, também reduz ao pó a memória dos homens que foram brutalizados até a morte e das meninas e mulheres que, depois de estupradas por verdadeiros animais selvagens em bando, ao pó voltaram.

---

[101] BARROS, Luitgarde Oliveira Cavalcanti. op. cit., p. 176.

NÃO ME LEVE A MAL; HOJE É CARNAVAL

Nada disso importa. É carnaval!

O carnaval se define, nas palavras de Roberto DaMatta, como "uma ocasião em que a vida diária deixa de ser operativa e, por causa disso, um momento extraordinário é inventado."[102] O Eminente Antropólogo ensina que não se pode realizar um carnaval com tristeza, do mesmo modo que não se pode ter um funeral com alegria. Logo, conclui o Professor, carnavais e comédias são episódios em que o triste e o trágico "devem ser banidos do evento, como as roupas do rei que estava nu e não podia ser visto como tal."[103]

Quanto ao carnaval brasileiro, DaMatta o entende como uma *catástrofe positiva*, pois, trocado o uniforme pela fantasia, alivia uma sociedade marcada pela hierarquia: "é a possibilidade utópica de mudar de lugar, de trocar de posição na estrutura social. De realmente inverter o mundo em direção à alegria, à abundância, à liberdade e, sobretudo, à igualdade de todos perante a sociedade."[104]

Dito isso, peço desculpas ao Leitor por ter escrito o presente livro. É carnaval! Como posso eu exigir que a memória dos assassinados, assim como as dores das mulheres estupradas, raptadas e daquelas que, como as vacas, foram ferradas com ferro em brasa no rosto e ao redor da genitália, e que o suplício

---

[102] DAMATTA, Roberto. *O que faz o brasil, Brasil?* Rio de Janeiro: Rocco, s/d, p. 71.
[103] Idem, ibidem, p. 71-73.
[104] Idem, ibidem, p. 78.

dos mutilados e dos castrados por Lampião e seu bando sejam levados em consideração? Como posso eu ousar criticar, trazendo à luz tanto horror e iniquidade, a homenagem feita ao Rei do Cangaço no carnaval?

Perdoe-me, Leitor. Deveria eu ter prestado maior atenção e levado em conta a sabedoria de Graciliano Ramos: todas essas desgraças são um pormenor insignificante a prejudicar a verossimilhança duma tragédia. É conveniente duvidarmos delas... Afinal, "(p)ara que nos vêm contar semelhantes horrores, que estragam os preparativos do Carnaval e não se harmonizam com a índole pacífica do nosso povo?"[105]

---

[105] RAMOS, Graciliano. op. cit., p. 62.

BIBLIOGRAFIA

LITERATURA

AMERICAN PSYCHIATRIC ASSOCIATION. *Manual Diagnóstico e Estatístico de Transtornos Mentais*. 5. ed. Trad. Maria Inês Corrêa Nascimento *et al.* Porto Alegre: Artmed, 2014.

ARAÚJO, A. A. C. *A mulher de Lampião*. Salvador: Alba, 2011.

ARON, Raymond. *O ópio dos intelectuais*. Trad. Jorge Bastos. São Paulo: Três Estrelas, 2016.

BARREIRA, Wagner G. *Lampião e Maria Bonita*: uma história de amor e balas. 3. ed. São Paulo: Planeta, 2020.

BARROS, Luitgarde Oliveira Cavalcanti. *A derradeira gesta:* Lampião e Nazarenos Guerreando no Sertão. 3. ed. Rio de Janeiro: Mauad, 2018.

BELIEL, Ricardo. *Memórias sangradas*: vida e morte nos tempos do cangaço. São Paulo: Olhares, 2021.

BORGES CARNEIRO. *Direito Civil de Portugal*. Lisboa: [s.e.], 1844. t. 2.

CÂMARA CASCUDO, Luís da. *Vaqueiros e cantadores*. Porto Alegre: O Globo, 1939.

CAMARGO, Aspásia; FARIAS, Osvaldo Cordeiro de; GÓES, Walder de. *Meio Século de Combate*: diálogo com Cordeiro de Farias. Rio de Janeiro: Nova Fronteira, 1981.

CANDIDO, Manoel. *Factores do Cangaço*: de 1910 a 1930. Pernambuco: s.e., 1934.

CARVALHO, Olavo de. *O imbecil coletivo*: atualidades inculturais brasileiras. 6. ed. Nova ed. revista em 2. Impressão. São Paulo: É Realizações, 2006.

CARVALHO, Rodrigues de. *Lampião e a sociologia do cangaço*. Rio de Janeiro: Gráfica do Livro, 1976.

CHANDLER, Billy Jaynes. *Lampião, o rei dos cangaceiros*. Rio de Janeiro: Paz e Terra, 1981.

CHIAVENATO, Júlio. *Cangaço:* a milícia do Coronelismo. São Paulo: 2021.

CLECKLEY, Hervey. *Te mask of sanity*: an attempt to clarify some issues about the so-called Psychopatic Personality. 2. ed. St. Louis: The C. V. Mosby Company, 1950.

COSTA, Christian. *Se o mal tivesse um nome*. São Paulo: CECRIM, 2018.

DAMATTA, Roberto. *O que faz o brasil, Brasil?* Rio de Janeiro: Rocco, s/d.

EDELWEISS, Frederico. *Estudos Tupis e Tupi-Guaranis*. Rio de Janeiro: Livraria Brasiliana, 1969.

FERRAZ, Cristiano Luiz Feitosa; SÁ, Marcos Antonio. *As cruzes do cangaço, os fatos e personagens de Floresta*. Floresta: ed. autor, 2016.

GÓIS, Joaquim. *Lampião, o último cangaceiro*. Aracaju: Sociedade de Cultura Artística de Sergipe, 1966, p. 212.

GUEIROS, Optato. *Lampião:* memórias de um Oficial Ex Comandante de Fôrças Volantes. Recife: s.e., 1952.

HARE, Robert D. *Sem consciência:* o mundo perturbador dos psicopatas que vivem entre nós. Trad. Denise Regina de Sales. Porto Alegre: Artmed, 2013.

HOBSBAWM, Eric. *Bandidos*. 6. ed. Trad. Donaldson M. Garschagen. São Paulo: Paz e Terra, 2021.

JASMIN, Élise. *Lampião*: senhor do sertão. Trad. port. Maria Celeste Franco Faria Marcondes; Antonio de Pádua Danesi. São Paulo: Edusp, 2016.

LARA, Silvia Hunold (org.). PORTUGAL. *Ordenações Filipinas*: Livro V. São Paulo, Companhia das Letras, 1999.

LILLA, Mark. *The Stillborn God*: religion, politics and the modern West. New York: Vintage Books, 2008.

LIMA, Estácio de. *O mundo estranho dos cangaceiros*. 2. ed. Salvador: Assembleia Legislativa da Bahia, 2006.

LOBATO, Monteiro. *Urupês*. 2. ed. São Paulo: Globo, 2009.

LUCENA, Magérbio de; LECETTI, Hilário. *Lampião e o Estado Maior do Cangaço*. Crato: Gráfica Universitária, 1995.

MACÊDO, Nertan. *Capitão Virgulino Ferreira:* Lampião. Rio de Janeiro: Leitura, 1962.

MACIELO, Frederico Bezerra. *Lampião, seu tempo, seu reinado*: um capítulo da evolução social do nordeste brasileiro. Petrópolis: Vozes, 1987. v. 5.

MARCUSE, Herbert. Hebert. *A dimensão estética*. Trad. Maria Elisabete Costa. Lisboa: Edições 70, 2016.

MEDEIROS, Antônio Américo de. *Lampião e sua história contada em cordel*. Patos: Luzeiro, 1996.

MELLO, Frederico Pernambucano de. *Apagando o Lampião*: vida e morte do Rei do Cangaço. São Paulo: Global, 2018.

MELLO, Frederico Pernambucano de. *Quem foi Lampião?* Recife: Stahali, 1993.

NASCENTES, Antenor. *Dicionário Etmológico da Língua Portuguesa*. Rio de Janeiro: s.e., 1955.

NEGREIROS, Adriana. *Maria Bonita*: sexo, violência e mulheres no cangaço. Rio de Janeiro: Objetiva, 2018.

NETO, Lira. *Padre Cícero*: poder, fé e guerra no sertão. São Paulo: Companhia das Letras, 2009.

PARREIRA, Abelardo. *Sertanejos e cangaceiros*. São Paulo: Paulista, 1934.

PAVINATTO, Tiago. *Declaração Universal dos Direitos da Pessoa Humana Fora do Armário*. São Paulo: Edições 70, 2022.

PAVINATTO, Tiago. *Estética da Estupidez*: a arte da guerra contra o senso comum. São Paulo: Edições 70, 2021.

PRATA, Ranulfo. *Lampeão*. 3. ed. São Paulo: Editora Traço, 1982.

QUEIROZ, Maria Isaura Pereira de. *Os cangaceiros*. São Paulo: Duas Cidades, 1970.

RAMOS, Graciliano. *Cangaços*. Rio de Janeiro: Record, 2014.

SARAIVA, F. R. dos Santos. *Dicionário Latino-Português*. 12. ed. Belo Horizonte: Garnier, 2006.

SCHOPENHAUER, Arthur. *Como vencer um debate sem precisar ter razão:* em 38 estratagemas (Dialética Erística). Trad. Olavo de Carvalho e Daniela Caldas. Rio de Janeiro: Topbooks, 1997.

SERGIPE, Floriano. *Os crimes do bandido Lampeão*. Lisboa: Henrique Torres Editor, 1931.

SILVA, Douglas Augusto da. *A história de Lampião contada através dos cordéis:* entre o céu e o inferno. Quatá: edição do autor, 2017.

SILVEIRA, Joel. *Tempo de contar*. Rio de Janeiro: Record, 1985.

TÁVORA, Franklin. *O Cabeleira*. 2. ed. São Paulo: Martin Claret, 2014.

JORNAIS

AS PROEZAS de "Lampeão". *A Noite*, Rio de Janeiro, 24 abr. 1931, edição 6.971, p. 2.

BARBOSA, Severino. Parlamento pernambucano exige o sepultamento de Lampião. *Diário de Pernambuco*, Recife, 17 mai. 1959, p. 8, edição 112, ano 134.

CINCOENTA contos para quem prender "Lampeão"! *A Noite*, Rio de Janeiro, 11 jun. 1931, p. 1, edição 7.019.

F. O Imperio de Lampeão. *Jornal do Brasil*, Rio de Janeiro, 17 abr. 1937, p. 12, edição 89, ano XLVII.

LAMPEÃO que fundar um Estado composto de pedações de Alagoas, Sergipe, Pernambuco e Baía. *Jornal do Brasil*, Rio de Janeiro, 14 abr. 1937, p. 11, edição 86, ano XLVII.

O BANDITISMO de Lampeão. *Jornal do Brasil*, Rio de Janeiro, 3 mai. 1931, p. 6, edição 106, anno XLI.